Der gutgläubige Erwerb der streitbefangenen Sache

Schriften zum Verfahrensrecht

Herausgegeben von
Jens Adolphsen, Christoph Althammer, Peter Gottwald und Ulrich Haas

Band 59

PL ACADEMIC RESEARCH

Mark A. Lye

Der gutgläubige Erwerb der streitbefangenen Sache

Inhalt und Auslegung des § 325 Abs. 2 ZPO

PL ACADEMIC RESEARCH

Bibliografische Information der Deutschen Nationalbibliothek
Die Deutsche Nationalbibliothek verzeichnet diese Publikation in der Deutschen Nationalbibliografie; detaillierte bibliografische Daten sind im Internet über http://dnb.d-nb.de abrufbar.

Zugl.: Heidelberg, Univ., Diss., 2016

D 16
ISSN 1619-344X
ISBN 978-3-631-71470-6 (Print)
E-ISBN 978-3-631-71471-3 (E-PDF)
E-ISBN 978-3-631-71472-0 (EPUB)
E-ISBN 978-3-631-71473-7 (MOBI)
DOI 10.3726/b10599

PL Academic Research ist ein Imprint der Peter Lang GmbH.

Peter Lang – Frankfurt am Main · Bern · Bruxelles · New York · Oxford · Warszawa · Wien

Diese Publikation wurde begutachtet.

www.peterlang.com

Für meine geliebte Frau

Inhaltsverzeichnis

A. Vorwort

Ein Urteil entfaltet Rechtswirkung und erwächst in Rechtskraft zwischen den Parteien. Das ergibt Sinn, da diese beiden Parteien, Kläger und Beklagter, vor Gericht auftreten und die Möglichkeit haben, sich dort zu äußern. Ein Urteil entfaltet daher grundsätzlich keine Wirkung gegenüber Dritten. Auch das leuchtet unmittelbar ein, ist doch ein Dritter bereits per Definitionem eine Person, die *neben* dem Rechtsverhältnis der Parteien auftritt und insoweit gerade nicht involviert ist. Der Dritte wurde in der Regel nicht angehört, und er hatte daher auch keine Möglichkeit, auf den Verlauf des Prozesses Einfluss zu nehmen. Dieser Grundsatz liefert ein faires Ergebnis, wenn man sich einen Dritten vorstellt, der mit der Rechtssache überhaupt nichts zu tun hat. Steht der Dritte aber zu ihr in einem engen rechtlichen und zeitlichen Zusammenhang derart, dass er Rechtsnachfolger einer der Parteien nach Rechtshängigkeit wird, so ist die Situation anders gelagert. Hier ist ein berechtigtes Interesse einer weiteren Person zu berücksichtigen, nämlich der obsiegenden Partei. Denn ein günstiges Urteil nützt einem Kläger wenig, wenn er es aus tatsächlichen Gründen nicht (mehr) gegen den Beklagten vollstrecken kann und aus rechtlichen Gründen (kein Vollstreckungstitel) von vornherein nie gegen den Dritten vollstrecken konnte. Konsequenterweise lässt die Zivilprozessordnung (ZPO) hier die Rechtskrafterstreckung in subjektiver Hinsicht auf den Rechtsnachfolger zu (§ 325 Abs. 1 ZPO). Auch das leuchtet ein und liefert ein faires Ergebnis, jedenfalls dann, wenn sich der Dritte auf ein Erwerbsgeschäft einlässt, obwohl er genau weiß, dass ein Rechtsstreit anhängig ist und sein Vertragspartner vielleicht gar nicht berechtigt ist. Es gibt jedoch ein breites Spektrum an „Dritten". Hier wurden lediglich die beiden Extremfälle aufgezeigt. Für einen Dritten, der trotz Rechtsnachfolge nach Rechtshängigkeit schützenswert erscheint, sieht die ZPO eine Ausnahmeregelung vor: „*Die Vorschriften des bürgerlichen Rechts zugunsten derjenigen, die Rechte von einem Nichtberechtigten herleiten, gelten entsprechend*" (§ 325 Abs. 2 ZPO). Es wird auf ein Rechtsinstitut des materiellen Rechts verwiesen und dessen entsprechende Geltung angeordnet. Die Bedeutung und der Inhalt dieses Verweises sind jedoch alles andere als klar.

Veräußert etwa ein nichtberechtigter Beklagter während des Prozesses das streitbefangene Gemälde an einen Dritten, so kann ein für den Beklagten ungünstiges Urteil nach §§ 325 Abs. 1, 727 ZPO gegen diesen Dritten vollstreckt werden. § 325 Abs. 2 ZPO legt nun nahe, dass der redliche Rechtsnachfolger „belohnt“ werden soll. Zum Anknüpfungspunkt der Redlichkeit äußert sich die Vorschrift nicht. Bei einem Erwerb vom Nichtberechtigten kommt Redlichkeit in Bezug auf die Berechtigung des Veräußerers[1] sowie in Bezug auf die Nicht-Rechtshängigkeit[2] in Betracht. Ferner stellen sich die Fragen, ob diese zwingend kumulativ vorliegen müssen und wie ein einfacher Erwerb vom Berechtigten zu behandeln ist, bei dem es auf eine materiell-rechtliche Redlichkeit gar nicht ankommt.

Diese und damit zusammenhängende Fragen zum vieldiskutierten Inhalt und den Rechtsfolgen des § 325 Abs. 2 ZPO sollen in dieser Arbeit erörtert und beantwortet werden. Dabei lohnt sich ein genauerer Blick auf die geschichtliche Entwicklung. Bereits mit Inkrafttreten der Reichszivilprozessordnung am 1. Oktober 1879 (CPO) existierte eine Vorgängernorm. Diese war notwendigerweise anders gefasst, da erst mit dem Bürgerlichen Gesetzbuch (BGB) am 1. Januar 1900 ein allgemeines bürgerliches Recht für Deutschland (genauer, das deutsche Kaiserreich) galt. Die Vorgängernorm musste zuvor die unterschiedlich zu beurteilenden Sachverhalte der jeweils geltenden Rechtsordnungen regeln. Insbesondere durch die Gesetzesnovelle[3] im Zeitraum zwischen Inkrafttreten der CPO und Inkrafttreten des BGB kam es zu entscheidenden Änderungen, welche im Verlauf dieser Arbeit bei der Auslegung des § 325 Abs. 2 ZPO zu berücksichtigen sein werden.

---

1 Im Folgenden: „*materiell-rechtliche Redlichkeit*“ (bzw. *Unredlichkeit*).
2 Im Folgenden: „*prozessuale Redlichkeit*“ (bzw. *Unredlichkeit*).
3 RGBl. 1898, S. 256 ff.; dazu siehe unten S. 75 ff.

B. Einleitung zu § 325 ZPO

I. Funktion der Norm und Zusammenhänge

Der Eigentümer einer Sache kann und darf sie einem anderen verkaufen und übereignen (vgl. § 903 BGB). Der Nichtberechtigte *darf* zwar in der Regel nicht, *kann* aber gleichwohl einem anderen eine fremde Sache verkaufen und übereignen (§§ 932 ff., 892 f. BGB). Daran ändert sich auch nichts, wenn über diese Sache ein Rechtstreit geführt wird, denn „*die Rechtshängigkeit schließt das Recht der einen oder der anderen Partei nicht aus, die in Streit befangene Sache zu veräußern oder den geltend gemachten Anspruch abzutreten*“ (§ 265 Abs. 1 ZPO). Eine solche Veräußerung oder Abtretung hat auf den Prozess keinen Einfluss (§ 265 Abs. 2 Satz 1 ZPO). Diese Feststellung wirft unmittelbar die Frage auf, wie sich die Verfügung über den Streitgegenstand auf das Urteil auswirkt. Gemäß § 325 Abs. 1 ZPO müsste der neue Eigentümer das Urteil grundsätzlich gegen sich gelten lassen. Dieses Ergebnis erscheint „unvollständig“, und das ist es auch, dürfte doch im Falle einer Leistungsklage auf Herausgabe der Sache nach allgemeinem (materiell-rechtlichem) Verständnis ein Eigentümer nicht zur Herausgabe *seiner* Sache an einen Dritten (hier den ursprünglichen Eigentümer) verpflichtet sein, welcher keinerlei Rechte (mehr) an der Sache hat. Endlich geht es um § 325 Abs. 2 ZPO, welcher offenbar versucht, einen redlichen Rechtsnachfolger zu privilegieren, indem er die materiell-rechtlichen Vorschriften über den Erwerb vom Nichtberechtigten für entsprechend anwendbar erklärt.

Es wird hier üblicherweise vom „gutgläubigen Erwerb der streitbefangenen Sache“ gesprochen. Diese Bezeichnung enthält gleich zwei Ungenauigkeiten. Die Vorschrift geht natürlich weiter und erfasst nicht nur Sachen im engeren Sinne (§ 90 BGB) sondern Gegenstände.[4] Außerdem verweist § 325 Abs. 2 ZPO nicht nur auf Vorschriften, welche an den legaldefinierten Begriff des guten Glaubens (§ 932 Abs. 2 BGB) anknüpfen, sondern auch auf solche, bei welchen Rechte von einem Nichtberechtigten hergeleitet werden. Trotz einer „herrschenden Meinung“ in Rechtsprechung und

4 MüKo-ZPO/*Becker-Eberhard*, § 265 Rn. 16.

Literatur zu einzelnen Fragestellungen rund um § 325 Abs. 2 ZPO, bleiben viele Aspekte fraglich.

II. Die Streitstände zu § 325 Abs. 2 ZPO

Diskutiert werden zu § 325 Abs. 2 ZPO im Wesentlichen der Anwendungsbereich und der Anknüpfungspunkt der geforderten Redlichkeit. Es stellen sich aber auch einige Folgefragen[5], deren Beantwortung in der Literatur uneinheitlich ausfällt.

> **Beispiel 1:** *K verklagt den Eigentümer B auf Herausgabe „seines" Gemäldes, da er die vorangegangene Übereignung an B – fälschlicherweise – für unwirksam hält. Das Gericht gibt der Klage statt. Zuvor hatte B – während des Prozesses – das Gemälde jedoch bereits an D verkauft und übereignet, welcher nichts von dem Rechtsstreit wusste (und auch nichts wissen musste).*

Unumstritten ist, dass die *Anwendbarkeit* des § 325 Abs. 2 ZPO einen tatsächlich stattfindenden Rechtserwerb voraussetzt, sowie mindestens die Existenz von Vorschriften, welche einen Erwerb vom Nichtberechtigten bei diesem Erwerbsgeschäft generell ermöglichen.[6] Teilweise wird dies bereits für ausreichend gehalten.[7] Danach genügt also, dass das materielle Recht für den zu beurteilenden Fall überhaupt einen Erwerb vom Nichtberechtigten kennt, ohne dass diese Regelung im konkreten Fall einschlägig sein müsste. Dieses Erfordernis *abstrakter* Einschlägigkeit von Redlichkeitstatbeständen führt dazu, dass auch Fälle des Erwerbs vom Berechtigten nach § 325 Abs. 2 ZPO geschützt sein können. Verfügt also der Eigentümer über seine bewegliche Sache (§§ 929 ff. BGB), so kommt die Anwendbarkeit der Redlichkeitsvorschriften (§§ 932 ff. BGB) aufgrund fehlender Nichtberechtigung des Eigentümers überhaupt nicht in Betracht. Gleichwohl existieren die §§ 932 ff. BGB für den Fall des gutgläubigen Erwerbs vom

---

5 Insbesondere zur Eintragungsfähigkeit eines Rechtshängigkeitsvermerks im Grundbuch bei Grundstücken, vgl. hierzu *Lickleder*, ZZP 2001, 195 ff.; *Zeising*, ZJS 2010, 1 ff.

6 Statt aller Stein/Jonas/*Leipold*, ZPO, § 325 Rn. 34.

7 *Piekenbrock*/*Kienle*, ZPO-Examinatorium, Rn. 128; *Grunsky*, Verfahrensrecht, § 47 VI 2 b) bb); *Lent*/*Jauernig*/*Hess*, ZPO, § 63 Rn. 36; *Schellhammer*, Zivilprozess, Rn. 870; *Scholz-Mantel*, Rechtsnachfolger, 13. Kap., III 2 (S. 263d); *Zimmermann*, ZPO, § 325 Rn. 11 (nimmt jedoch bereits Fall des § 935 BGB von der Anwendbarkeit aus).

Nichtberechtigten. Dieser Ansicht nach soll auch hier § 325 Abs. 2 ZPO zugunsten eines im Sinne dieser Norm redlichen Erwerbers wirken. Im Beispiel 1 muss D das Urteil nach dem Grundsatz des § 325 Abs. 1 ZPO zunächst gegen sich gelten lassen, da er nach Eintritt der Rechtshängigkeit Rechtsnachfolger des B wurde. Es stellt sich sodann die Frage nach einer Privilegierung des B gemäß § 325 Abs. 2 ZPO. Es geht um die Veräußerung eines Gemäldes, also einer beweglichen Sache. Für solche existieren Redlichkeitstatbestände, nämlich eben die des gutgläubigen Erwerbs nach §§ 932 ff. BGB. Nach dieser Ansicht wäre der Anwendungsbereich des § 325 Abs. 2 ZPO also bereits eröffnet. Dass diese in dem Beispielsfall nicht *konkret* einschlägig sind, da D von einem Berechtigten erwirbt, ist danach unerheblich. Somit ist D Eigentümer des Gemäldes geworden. Die Rechtskraft des Urteils aus dem Prozess zwischen K und B berührt ihn nicht. Andere verlangen dagegen einen *konkreten* Erwerb vom Nichtberechtigten, also eine für den Rechtserwerb konstitutive Wirkung der Vorschriften über den Erwerb vom Nichtberechtigten im konkreten Fall.[8] Diese Ansicht schließt die Anwendung des § 325 Abs. 2 ZPO bei Fällen des Erwerbs vom Berechtigten aus, da bei ihnen die Redlichkeitsvorschriften gerade nicht den Rechtserwerb begründen. Diese Ansicht hält § 325 Abs. 2 ZPO in dem Beispiel 1 für unanwendbar, da kein Erwerb vom Nichtberechtigten vorlag. B war hier Berechtigter und die §§ 932 ff. BGB waren für die Rechtsnachfolge des D nicht entscheidend; sie vollzog sich allein aufgrund der Rechtsmacht des Eigentümers B. Somit bleibt es bei der Rechtskrafterstreckung nach § 325 Abs. 1 ZPO

Beispiel 2: *Der Eigentümer K verklagt den Mieter B auf Herausgabe des vermieteten Gemäldes, da die vereinbarte Mietzeit abgelaufen ist. B hatte jedoch den spendablen D kennengelernt und diesem während des Prozesses das Gemälde verkauft und übereignet. K obsiegt. Das Urteil wird rechtskräftig.*
Variante a): *D hielt B für den Eigentümer und wusste nichts von dem Rechtsstreit.*
Variante b): *D hielt B zwar für den Eigentümer, hatte jedoch gehört, dass K und B einen Rechtsstreit über das Gemälde führen.*

---

8 MüKo-ZPO/*Gottwald*, § 325 Rn. 99; BeckOK-ZPO/*Gruber*, Rn. 26; Musielak-ZPO/*Musielak*, § 325 Rn. 23; Prütting/Gehrlein/*Völzmann-Stickelbrock*, ZPO, § 325 Rn. 56; Saenger-ZPO/*Saenger*, § 325 Rn. 30; Stein/Jonas/*Leipold*, ZPO, § 325 Rn. 40; Wieczorek/Schütze/*Büscher*, § 325 Rn. 110.

Variante c): *D vermutete zwar, dass nicht B der Eigentümer war, er wusste jedoch nichts von dem Rechtsstreit.*

Beim zweiten Problemkreis, dem *Bezugspunkt* der Redlichkeit, gibt es jene, welche „doppelte Gutgläubigkeit" fordern, also Redlichkeit bezüglich fehlender Rechtshängigkeit bzw. keiner entgegenstehender Rechtskraft und Redlichkeit im Sinne der Vorschriften über den materiell-rechtlichen Erwerb vom Nichtberechtigten.[9] Letzteres Erfordernis setzt voraus, dass überhaupt ein Erwerb vom Nichtberechtigten vorliegt. Liegt dagegen ein Erwerb vom Berechtigten vor, so entfällt bereits für Viele die Anwendbarkeit der Norm,[10] während die noch verbleibenden Vertreter konsequenterweise das Vorliegen prozessualer Redlichkeit genügen lassen.[11] Im Beispiel 1 liegt ein Erwerb vom Berechtigten vor. Soweit allein dieser Umstand einer Anwendbarkeit des § 325 Abs. 2 ZPO noch nicht im Weg steht, man also § 325 Abs. 2 ZPO auch auf Fälle des Erwerbs vom Berechtigten anwenden möchte, stellt sich die Frage nach dem Anknüpfungspunkt der Gutgläubigkeit. Hier mochte D den Veräußerer B für den Eigentümer halten oder auch nicht. Darauf kommt es nicht an, da er jedenfalls direkt vom Eigentümer erwirbt und auch ein Irrtum hierüber nicht schädlich ist. Nach dieser Ansicht wäre nur noch entscheidend, ob D wusste oder wissen musste, dass ein Rechtsstreit geführt wird. Da D im Beispiel 1 nichts von dem Rechtsstreit wusste und auch nichts wissen musste, ist er redlich im Sinne des § 325 Abs. 2 ZPO und muss das Urteil nicht gegen sich gelten lassen. Der Trivialfall für diese Ansicht ist das Beispiel 2a). Hier findet ein Erwerb vom Nichtberechtigten B statt und der Erwerber D ist sowohl materiell-rechtlich wie auch prozessual redlich

---

9 RGZ 79, 165 (167); 88, 267 (268); BGHZ 4, 283 (284); BGH, BB 1991, 1517 (1518); MüKo-ZPO/*Gottwald*, § 325 Rn. 99; Stein/Jonas/*Leipold*, ZPO, § 325 Rn. 40; BeckOK-ZPO/*Gruber*, § 325 Rn. 27; Zöller-ZPO/*Vollkommer*, § 325 Rn. 45; Musielak-ZPO/*Musielak*, § 325 Rn. 24; Saenger-ZPO/*Saenger*, § 325 Rn 32; Wieczorek/Schütze/*Büscher*, § 325 Rn. 109; *Scholz-Mantel*, Rechtsnachfolger, 13. Kap., III 2 (S. 263b); *Lüke*, ZPO, Rn. 176; *Zeiss*, Zivilprozessrecht, § 72 II 3; *Arens*, Zivilprozessrecht, Rn. 369; *Blomeyer*, Zivilprozessrecht, § 92 III a); *Schellhammer*, Zivilprozess, Rn. 870; *Zimmermann*, ZPO, § 325 Rn. 11.

10 Siehe oben.

11 *Lent/Jauernig/Hess*, ZPO, § 63 Rn. 36; *Schellhammer*, Zivilprozess, Rn. 870; *Scholz-Mantel*, Rechtsnachfolger, 13. Kap., III 2 (S. 263d); *Zimmermann*, ZPO, § 325 Rn. 11.

und damit „doppelt gutgläubig“. Daher erwirbt er das Eigentum an dem Gemälde rechtshängigkeitsfrei. Sowohl im Beispiel 2b) als auch 2c) kommt der Erwerber D jedoch nicht in den Genuss des § 325 Abs. 2 ZPO, da er nicht für hinreichend redlich erachtet wird. Er muss das Urteil gegen sich gelten lassen und K kann es nach Titelumschreibung (§ 727 Abs. 1 ZPO) gegen ihn vollstrecken.

Andere hingegen verlangen von vornherein lediglich prozessuale Redlichkeit, selbst wenn ein Erwerb vom Nichtberechtigten vorliegt.[12] Ist der Erwerber materiell-rechtlich unredlich, so mag es dieser Ansicht nach auf materiell-rechtlicher Ebene „bedauerlich“ sein, jedoch habe sie nichts mit der prozessualen Ebene zu tun. Erstreckt sich die Rechtskraft des schließlich ergehenden Urteils aufgrund § 325 Abs. 2 ZPO nicht auf den Rechtsnachfolger, da dieser nichts von einem Prozess wusste und auch nicht wissen musste, so muss in einem neuen Prozess gegen den Rechtsnachfolger vorgegangen werden bzw. – im Falle der Rechtsnachfolge auf Klägerseite – muss sich der Beklagte eine erneute Klage gefallen lassen; erst in diesem neuen Prozess werde die materiell-rechtliche Redlichkeit relevant und das auch nur, wenn das Gericht – ebenso[13] wie das Gericht im Prozess des Rechtsvorgängers – die Berechtigung des Veräußerers verneint.[14] Demnach führt das Beispiel 2a) zum Eigentumserwerb des D nach §§ 929 Satz 1, 932 BGB und von der Rechtskraft des für ihn ungünstigen Urteils ist er nach § 325 Abs. 2 ZPO befreit. Im Beispiel 2b) ist D zwar materiell-rechtlich redlich und erwirbt somit ebenfalls Eigentum an dem Gemälde nach §§ 929 Satz 1, 932 BGB. Jedoch muss er das ungünstige Urteil nach § 325 Abs. 1 ZPO gegen sich gelten lassen. Da D Kenntnis von dem Rechtsstreit hat, wird er für bösgläubig im Sinne des § 325 Abs. 2 ZPO erachtet. Somit kann K das Urteil nach

---

12 *Grunsky*, Verfahrensrecht, § 47 VI 2 b) bb); *Zimmermann*, ZPO, § 325 Rn. 11 (spricht zwar auch von der Erforderlichkeit doppelter Gutgläubigkeit beim Erwerb vom Nichtberechtigten, meint damit aber offenbar, um die Sache endgültig behalten zu können, nicht als Voraussetzung des § 325Abs. 2 ZPO).

13 Hätte das vorherige Gericht den Veräußerer für berechtigt gehalten, so wäre ein diesem günstiges Urteil ergangen, welches bereits nach § 325 Abs. 1 ZPO zugunsten des Rechtsnachfolgers gewirkt hätte; auf § 325 Abs. 2 ZPO käme es dann nicht an.

14 Ohne diese Auffassung zu vertreten deren Konsequenzen aufzeigend Stein/Jonas/ *Leipold*, ZPO, § 325 Rn. 37.

Titelumschreibung (§ 727 ZPO) gegen D vollstrecken. Im Beispiel 2c) wird D zwar nicht Eigentümer des Gemäldes – seine prozessuale Redlichkeit hilft nicht über den Rechtsmangel des B hinweg (§ 932 Abs. 2 BGB). Jedoch kann K das Urteil wegen § 325 Abs. 2 ZPO nicht gegen D vollstrecken, da er nicht von der subjektiven Rechtskraft umfasst wird. Er muss einen neuen Prozess gegen ihn führen.

Einige wenige und zudem ältere Ansichten lassen die materiell-rechtliche Redlichkeit für den Ausschluss der Rechtskrafterstreckung nach § 325 Abs. 2 ZPO genügen, wenn ein konkreter Erwerb vom Nichtberechtigten vorliegt. Auf die prozessuale Redlichkeit komme es nicht an.[15] Diese Ansicht führt dann im Beispiel 2a) und b) zum Eigentumserwerb des D und zugleich zum Ausschluss der subjektiven Rechtskrafterstreckung nach § 325 Abs. 2 ZPO. Im Beispiel 2c) erlangt D kein Eigentum an dem Gemälde und wird obendrein auch von der Rechtskraft des Urteils nach § 325 Abs. 1 ZPO erfasst.

Neben der Frage der Rechtskrafterstreckung stellt sich auch die Frage nach den *Rechtsfolgen* auf materiell-rechtlicher Seite. Natürlich ist man sich einig, dass fehlende materiell-rechtliche Redlichkeit den Erwerb vom Nichtberechtigten ausschließt, wird sie doch im Tatbestand ausdrücklich genannt (vgl. §§ 892 Abs. 1 Satz 1, 932 ff., 2366 BGB) oder jedenfalls auf sie verwiesen (vgl. §§ 1032, 1138, 1155, 1157, 1207, 1244 BGB). Probleme bereitet hingegen der Fall, dass nur materiell-rechtliche Redlichkeit vorliegt. Fehlt es an der prozessualen Redlichkeit, so soll nach Ansicht einiger auch der Rechtserwerb ausscheiden; die materiell-rechtlichen Anforderungen an den redlichen Erwerb würden durch § 325 Abs. 2 ZPO modifiziert.[16] Im Beispiel 2b) würde D also kein Eigentum an dem Gemälde erwerben, obwohl er seinen Veräußerer B für den Eigentümer hält. Ferner wird er aufgrund fehlender prozessualer Redlichkeit von der subjektiven Rechtskraft des Urteils nach § 325 Abs. 1 ZPO erfasst.

---

15 So noch Mat. CPO-Novelle 1898, S. 154; Materialien bei *Hahn/Mugdan*, § 230 (S. 262) (unter Verweis auf Nordd. Prot. II); Nordd. Prot. II, S. 776; *Endemann*, Dt. Civilprozess II, § 238, 3 (S. 29); *Gaupp*, CPO, § 238, 3 (S. 476); *Struckmann/Koch*, CPO dt. Reich, § 238, 1) (S. 196).

16 MüKo-ZPO/*Gottwald*, § 325 Rn. 99; Stein/Jonas/*Leipold*, ZPO, § 325 Rn. 39; Zöller-ZPO/*Vollkommer*, § 325 Rn. 46.

Andere lassen den Rechtserwerb zu, jedoch muss sich der Erwerber – mangels prozessualer Redlichkeit – das ungünstige Urteil gefallen lassen; er kann sich nicht auf sein Recht berufen.[17] D wird in dem Beispiel 2b) also Eigentümer, aber er darf sich nicht darauf berufen. Er ist also gezwungen, das Gemälde wieder an den obsiegenden Kläger K herauszugeben.

Die in diesem Abschnitt dargestellten Streitstände sollen in dieser Arbeit aufbereitet und einer rechtlich „sauberen" Lösung zugeführt werden. Entscheidend ist dabei letztlich stets die Frage nach dem Inhalt des § 325 Abs. 2 ZPO. Dieser ist durch Auslegung zu ermitteln. Dabei sollen nicht lediglich Argumente gesammelt und am Ende gegeneinander abgewogen werden. Vielmehr steht eine umfassende Untersuchung der Vorschrift im Vordergrund, welche notwendigerweise ihre Entstehungsgeschichte miteinschließt, um ihren originären Zweck und eventuelle Änderungen desselben im Laufe der Zeit zu berücksichtigen. Die „üblichen" Auslegungsmethoden sollen sodann unter Berücksichtigung erlangter Erkenntnisse im Lichte der Normentstehung und Normentwicklung angewandt werden, um sodann den Inhalt des § 325 Abs. 2 ZPO zu bestimmen.

Bereits vor der Einführung der Vorgängernorm zu § 325 Abs. 2 ZPO mit Inkrafttreten der so genannten „Reichsjustizgesetze"[18] und der bereits angesprochenen CPO am 1. Oktober 1879, existierten in den einzelnen Partikularrechtsordnungen Regelungen oder Praktiken, welche dem Rechtsgedanken des § 325 Abs. 2 ZPO nicht unähnlich sind und letztlich auch zur Einführung seiner Vorgängernorm geführt haben. Es ist für eine abschließende Untersuchung der hier in Frage stehenden Vorschrift damit unerlässlich, sich auch ein Bild von diesen Partikularrechten zu verschaffen.

---

17 *Grunsky*, Verfahrensrecht, § 47 VI 2 b) bb); *Zimmermann*, ZPO, § 325 Rn. 11; *Scholz-Mantel*, Rechtsnachfolger, 13. Kap., III 2 (S. 265b); *S/B/K/T*, ZPO, § 325 Rn. 6; *Zeising*, ZJS 2010, 1 (4).

18 Näheres zu den Reichsjustizgesetzen und ihren Auswirkungen im Allgemeinen vgl *Kissel*, NJW 2004, 2872 ff.

C. Partikularrechtsordnungen vor Inkrafttreten der Reichszivilprozessordnung

Vor Inkrafttreten der CPO herrschten in den Gebieten des deutschen Kaiserreichs im Wesentlichen die folgenden Rechtsordnungen vor: das gemeine Recht, das preußische Recht, das rheinisch-französische Recht und das mit letzterem nahezu identische badische Recht. Diese sollen im Folgenden auf die Fragen hin untersucht werden, was eine Veräußerung streitbefangener Gegenstände zu dieser Zeit für materiell-rechtliche und prozessuale Folgen nach sich zog.

I. Gemeines Recht

1. Einleitung

Das gemeine Recht ist das Ergebnis einer langen Rechtsentwicklung, die ihren Ursprung im römischen Recht hat. In der Nachklassik sank das Niveau der römischen Jurisprudenz aufgrund politischer und kultureller Veränderungen stark ab: Die klassischen Werke, soweit überhaupt noch bekannt, wurden als zu umfangreich und zu schwierig empfunden, mit der Folge, dass sie gekürzt und paraphrasiert wurden.[19] Dadurch gingen viele juristische Erfolge des römischen Rechts verloren. So wurde etwa die Unterscheidung von Besitz, Eigentum und dinglichen Rechten an fremden Sachen verwischt.[20] Ebenso verlor der Kauf seinen Charakter als Verpflichtungsgeschäft und stellte lediglich einen Eigentumserwerbsgrund wie in altrömischer Zeit dar.[21] Dieses *Vulgarrecht*[22] wurde erst im Zuge der *Rezeption*[23] des römischen Rechts zurückgedrängt, welche ihren Anfang in der Wiederentdeckung des

19 *Kunkel/Schermaier*, Römische Rechtsgeschichte, § 10 I 3 a).

20 *Söllner*, Römische Rechtsgeschichte, § 20 III; *Kunkel/Schermaier*, Römische Rechtsgeschichte, § 10 I 3 a).

21 *Kunkel/Schermaier*, Römische Rechtsgeschichte, § 10 I 3 a).

22 *Söllner*, Römische Rechtsgeschichte, § 20 I; *Kunkel/Schermaier*, Römische Rechtsgeschichte, § 10 I 3 a) und § 12 II 1.

23 *Söllner*, Römische Rechtsgeschichte, § 25 II.

Corpus Iuris Civilis im 11. Jhd. n. Chr. nimmt.[24] Im späten Mittelalter bot die „deutsche Rechtsordnung“ eine Vielzahl von Sonderrechtsordnungen, die aufgrund politischer Zerrissenheit zustande kamen, und war daher im Vergleich zu anderen Rechtsräumen, wie etwa dem nördlichen Frankreich, welches planmäßig das germanische Gewohnheitsrecht sammelte, besonders empfänglich für das römischen Recht.[25] Seine Anwendbarkeit wurde dann durch kaiserliche Anweisung an das 1495 gegründete Reichskammergericht bestätigt, in der bestimmt wurde, „nach des Reiches gemeinen Rechten“[26] zu urteilen, wozu auch das römische Recht zu zählen war.[27] Dieses gemeine Recht beanspruchte subsidiäre Geltung gegenüber Landesgesetzen und Gewohnheitsrecht.[28]

Das Prozessrecht dieser Zeit lässt sich systematisch aufteilen in den gemeinen Prozess und den Partikularprozess.[29] Letzterer beanspruchte nur in den jeweiligen Ländern Geltung, wohingegen der gemeine Prozess (all-)„gemein“ galt, jedoch nur insoweit, als er nicht durch Partikularrecht verdrängt wurde.[30] Das römische Recht galt in Deutschland, soweit es Anwendung fand, in der Gestalt, die es durch Modifikationen des kanonische Rechts, der deutschen Reichsgesetze und des Gewohnheitsrechts erfahren hatte und bildete das gemeine (Zivil-) Recht.[31]

2. Veräußerung der streitbefangenen Sache

a) Römisches Recht

Bei einem Vindikationsprozess konnte der besitzende Beklagte der Gefahr ausgesetzt sein, dass der Kläger die streitige Sache (*res litigiosa*) veräußerte. In der Regel stellte die Veräußerung vor dem Prozess kein Problem dar,

---

24 *Söllner*, Römische Rechtsgeschichte, § 2 IV.
25 *Kunkel/Schermaier*, Römische Rechtsgeschichte, § 12 II 3 a).
26 § 3 der Reichskammergerichtsordnung vom 7. August. 1495.
27 *Windscheid/Kipp*, Pandektenrecht I, § 1; *Söllner*, Römische Rechtsgeschichte, § 25 II; *Kunkel/Schermaier*, Römische Rechtsgeschichte, § 12 II 3. b).
28 *Bayer*, Gemeiner Civilprozeß, § 2 (S. 4); *Bekker*, Pandektenrecht I, § 3 (S. 6).
29 *Mittermaier*, Gemeiner Prozeß, § IV (S. 29); *Bayer*, Gemeiner Civilprozeß, § 2 (S. 4).
30 *Windscheid/Kipp*, Pandektenrecht I, § 2; *Bayer*, Gemeiner Civilprozeß, § 2 (S. 4).
31 *Windscheid/Kipp*, Pandektenrecht I, § 2; *Wening-Ingenheim*, Gemeines Civilrecht, § 1, bei (p); *Seidl*, Geschichte und Prozessrecht, Rn. 19.

da es dem Besitzer egal sein konnte, an welchen Eigentümer er die Sache herauszugeben hatte.[32] Eine Veräußerung nach dem Prozess stellte ebenfalls kein Problem dar, da der Besitzer dann die Einrede der rechtskräftig entschiedenen Sache (*exceptio rei iudicatae)* erheben konnte.[33] Eine Veräußerung während des Prozesses hingegen hätte in den Fällen, in welchen für die Veräußerung der Besitz an der Sache nicht erforderlich war,[34] dazu führen können – jedenfalls wird das berichtet[35] – dass der beklagte Besitzer sich mehreren Vindikanten gegenüber ausgesetzt sah, wenn der Rechtsnachfolger ebenfalls Klage erhob. Außerdem sollte sich der Beklagte nicht gegen einen unter Umständen „lästigeren" als den ursprünglichen Gegner verteidigen müssen.[36] Diesen und anderen Gefahren sollten einige Veräußerungsverbote vorbeugen.

aa) Veräußerungsverbote

Bereits zur Zeit der Zwölftafelgesetzgebung, welche sich etwa auf das Jahr 450 v. Chr. datieren[37] lässt, findet sich ein Veräußerungsverbot, um den Beklagten zu schützen. *Gaius*[38] formuliert es so:

> „*Rem de qua controversia est prohibemur in sacrum dedicare: alioquin dupli poenam patimur, nec immerito, ne liceat eo modo duriorem adversarii condicionem facere. Sed duplum utrum fisco an adversario praestandum sit, nihil exprimitur: fortassis autem magis adversario, ut id veluti solacium habeat pro eo, quod potentiori adversario traditus est.*"

---

32 *Bachofen*, Lehren, S. 59.

33 D.44.2.11.10: *Item si rem, quam a te petierat, Titius pignori seio dederit, deinde Seius pigneraticia adversus te utatur, distinguendum erit, quando pignori dedit Titius: et si quidem antequam peteret, non oportet ei nocere exceptionem: nam et ille petere debuit et ego salvam habere debeo pigneraticiam actionem. Sed si posteaquam petit, pignori dedit, magis est, ut noceat exceptio rei iudicatae.* Vgl. auch *Bachofen*, Lehren, S. 59.

34 Genannt werden hier durch *mancipatio* erlangte italische Grundstücke, vgl. *Bachofen*, Lehren, S. 59; *Vangerow*, Pandekten, § 160, V, 3) (S. 256).

35 *Bachofen*, Lehren, S. 59; *Vangerow*, Pandekten, § 160, V, 3) (S. 256); *Zimmermann*, AcP 35 (1852), 431.

36 *Zimmermann*, AcP 35 (1852), 431.

37 *Söllner*, Römische Rechtsgeschichte, § 7 I; *Kunkel/Schermaier*, Römische Rechtsgeschichte, § 2 I.

38 D.44.6.3.

Es war also verboten, eine streitige Sache heilig sprechen zu lassen, wobei der Zuwiderhandelnde in die Strafe des Doppelten genommen wurde.[39] Vielfach wird *in sacrum dedicare* auch mit den Göttern „weihen“ oder „bestimmen“ übersetzt und anscheinend als Veräußerung im Allgemeinen verstanden.[40] *Brinkmann*[41] weist jedoch darauf hin, dass es *Gaius* keineswegs um Veräußerungen im Allgemeinen gegangen sei,[42] sondern vielmehr nur um den Fall der Veräußerung an Priester. Und tatsächlich beschreibt *Gaius* anderenorts[43] die Einteilung von Sachen in zwei Kategorien: in solche göttlichen Rechts und in solche menschlichen Rechts. Unter Sachen des göttlichen Rechts fallen zum Beispiel die heiligen und religiösen Sachen, aber auch die geheiligten Sachen (*res sanctae*). Das Besondere an den Sachen göttlichen Rechts ist, dass sie niemandem gehören, wobei Sachen menschlichen Rechts, bis auf wenige Ausnahmefälle,[44] einem Rechtssubjekt zuzuordnen sind. Es ist somit naheliegender, dass *Gaius* keineswegs von einer Veräußerung im Allgemeinen ausging, sondern von dieser ganz speziellen, bei der eine zunächst eigentumsfähige Sache des menschlichen Rechts dem göttlichen Recht unterworfen und mithin ihrer Eigenschaft entzogen wird, sie zu Eigentum haben zu können (*res extra commercium*). Bemerkenswert ist jedenfalls, dass sich dieses Verbot nur auf streitige Sachen und nicht auch auf streitige (Klage-) Forderungen (*actio litigiosa*) bezog. Dies änderte sich später, wobei das Veräußerungsverbot dabei zunächst nur für den

---

39 Übersetzung von D.44.6.3 *de litigiosis* nach *Otto/Schilling/Sintenis*, CIC, IV, S. 571.

40 *Schweppe*, Röm. Rechtsgeschichte, § 566 (S. 815); *Schroeder*, Lehre von den gesetzlichen Veräußerungsverboten, § 3 I; *Zimmermann*, AcP 35 (1852), 431 (432); *Heffter*, System, § 318, S. 400.

41 *Brinkmann*, Litigiosität, I. § 1 (S. 5).

42 So auch *Mühlenbruch*, Cession, § 29 (S. 351).

43 D.1.8.1 pr.: *Summa rerum divisio in duos articulos deducitur: nam aliae sunt divini iuris, aliae humani. divini iuris sunt veluti res sacrae et religiosae. sanctae quoque res, veluti muri et portae, quodammodo divini iuris sunt. quod autem divini iuris est, id nullius in bonis est: id vero, quod humani iuris est, plerumque alicuius in bonis est, potest autem et nullius in bonis esse: ...*; Übersetzung von D.1.8.1 pr *de divisione rerum et qualitate* nach *Otto/Schilling/Sintenis*, CIC, I, S. 249.

44 Genannt werden hier Erbschaftssachen, die bis zum Erbantritt niemandem gehören, vgl. Fn. 43.

Kläger galt:[45] „*Lite pendente actiones, quae in iudicium deductae sunt, vel res, pro quibus actor a reo detentis intendit, in coniunctam personam vel extraneam donationibus vel emptionibus vel quibuslibet aliis contractibus minime transferri ab eodem actore liceat, tamquam si nihil factum sit, lite nihilo minus peragenda.*“[46] Während des schwebenden Prozesses dürfen rechtshängige Klagen und Sachen, die der Beklagte besitzt und auf die der Kläger einen Anspruch erhebt, *vom Kläger* nicht übertragen werden, „indem der Prozess, wie wenn nichts geschehen wäre, zu Ende geführt werden muss“[47]. Das Veräußerungsverbot der *actio litigiosa* diente ebenfalls dem Schutz des Beklagten vor der Gefahr, sich einem anderen oder gar mehreren Prozessgegnern gegenüber zu finden.[48] Das Fragment spricht an dieser Stelle nicht nur von der Eigentumsklage, sondern von *actiones* im Allgemeinen.[49]

Der Kläger wurde umgekehrt gegen eine benachteiligende Veräußerung der *res litigiosa* nur durch eine Sicherheitsleistung geschützt: „*Wenn ich also zum Beispiel dinglich gegen dich klage, musst du mir Sicherheit leisten; es scheint nämlich angemessen, dass du deshalb, weil dir der zwischenzeitliche Besitz einer Sache gestattet wird, von der es zweifelhaft ist, ob sie dir gehört, durch Stipulation mit Sicherheitsleistung versprichst, dass ich die Möglichkeit haben solle, gegen dich oder deine Sponsionsbürgen zu klagen, falls du nach einer Prozessniederlage weder die Sache selbst herausgibst noch den Schätzwert entrichtest.*“[50] Diese Sicherheitsleistung war auf Geld gerichtet.[51] Im iustinianischen Recht kam sie aber wohl[52] außer Gebrauch,

---

45 Vgl. auch *Schroeder*, Lehre von den gesetzlichen Veräußerungsverboten, § 4 VI (S. 84).
46 C.8.37.2 *de litigiosis*.
47 Übersetzung von C.8.37.2 *de litigiosis* nach *Otto/Schilling/Sintenis*, CIC, VI, S. 224 f.
48 *Vangerow*, Pandekten, § 160, V, 3) (S. 256); *Zimmermann*, AcP 35 (1852), 431.
49 *Heffter*, System, § 318, S. 401.
50 Gaius Institutiones, IV, § 89, übersetzt von *Manthe*, Gaius, IV, § 89.
51 *Zimmermann*, AcP 35 (1852), 431 (432); *ders*., ApR I (1853), 3 (4).
52 *Zimmermann*, AcP 35 (1852), 431 (432); *ders*., ApR I (1853), 3 (4); a.A. *Eigenbrodt*, ApR VII (1860), 193 (209), der es mit guter Begründung für möglich hält, dass der Beklagte auch im iustinianischen Recht noch die Sicherheitsleistung im Falle einer verbotenen Veräußerung der *res litigiosa* an den Kläger zu zahlen hatte und obendrein noch der Kläger aus C.8.37.4 (dazu sogleich) gegen den Dritten vorgehen könne. Obgleich beides möglich erscheint, soll diese

weshalb konsequenterweise auch das Veräußerungsverbot der *res litigiosa* auf den Beklagten ausgedehnt und zudem unter fiskalische Strafe gestellt wurde.[53] Denn wurde eine streitige Sache erhalten, so soll die Veräußerung der Sache ungültig sein.[54] Aus der Einleitung[55] ergibt sich, dass hier nicht nur der Kläger bezüglich seiner Klage Adressat des Verbots ist, sondern ganz allgemein jedermann („*quis*"), also auch der Beklagte mit der von ihm besessenen Sache.[56]

Die Nov. 112 verweist in ihrer Einleitung auf die Vorschriften der Zwölftafeln und auf C.8.37.2 und 4,[57] indem Bezug genommen wird auf „Unsere Vorfahren"[58] (*antiqua legislatorum prudentia*) bzw. auf die „kaiserlichen Constitutionen"[59] (*imperialis dispositio*) und liefert im ersten Kapitel eine Erläuterung, was unter streitigen Sachen zu verstehen ist: „*Ideoque sancimus litigiosam dici et intellegi rem mobilem vel inmobilem seseque moventem, de cuius dominio causa inter petitorem et possidentem movetur aut per iudiciariam conventionem aut per preces principi oblatas et insinuatas iudici ac per eum adversario interpellatoris cognitas.*" Eine streitige Sache ist demnach eine „bewegliche oder unbewegliche oder sich selbst bewegende Sache, über deren Eigenthum zwischen dem Kläger und Beklagten durch obrigkeitliche Vorladung, oder durch eine dem Kaiser überreichte Bittschrift,

Meinungsverschiedenheit hier nicht vertieft werden, da für diese Arbeit die *dinglichen* Rechtsfolgen einer verbotswidrigen Veräußerung im Vordergrund stehen und es auf die Praxis bezüglich der Sicherheitsleistung hier nicht ankommt.

53 *Zimmermann*, AcP 35 (1852), 431 (432) unter Verweis auf C.8.37.4 – *de litigiosis: Sin autem ignorans rem litigiosam emerit vel per aliam speciem contractus eam acceperit, tunc irrita rei alienatione facta pretium cum alia tertia parte recipiat.*

54 Übersetzung von C.8.37.4 *de litigiosis* nach *Otto/Schilling/Sintenis*, CIC, VI, S. 225 f.

55 *Censemus, ut, si quis lite pendente vel actiones vel res quas possidet ad alium quendam transtulerit sive scientem sive ignorantem, vitio litigiosi contractus subiacere*, C.8.37.4 *de litigiosis.*

56 So auch *Windscheid/Kipp*, Pandektenrecht I, § 125, Fn. 3; *Vangerow*, Pandekten, § 160, V, 5) (S. 258).

57 So auch *Otto/Schilling/Sintenis*, CIC, VII, S. 522, Fn. 1, 2.

58 Übersetzung von Nov. 112, Einleitung nach *Otto/Schilling/Sintenis*, CIC, VII, S. 522.

59 Übersetzung von Nov. 112, Einleitung nach *Otto/Schilling/Sintenis*, CIC, VII, S. 522.

[in Folge welcher ein Rescript] vom Richter mitgetheilt, und durch diesen dem Beklagten bekannt gemacht worden ist, Streit erhoben wird."[60] Soweit es also um die *res litigiosa*, mithin um das den Beklagten betreffende Verbot ging, wurde von einer Eigentumsklage ausgegangen.[61] Hingegen spricht C.8.37.2, das sich mit der *actio litigiosa* und dem den Kläger betreffenden Verbot beschäftigt, nicht nur vom Eigentumsstreit, sondern bezieht sich auf Klagen aller Art.[62]

bb) Rechtsfolgen der verbotswidrigen Veräußerung

(i) Materiell-rechtlich

Ein Verstoß gegen das Veräußerungsverbot der Zwölftafeln[63] führte wohl nicht zur Nichtigkeit des Rechtsgeschäfts, da eine solche Rechtsfolge nicht angeordnet war.[64] Vielmehr wurde der Zuwiderhandelnden in die Strafe des Doppelten genommen.[65] Zwar sagt *Gaius*[66] in den Digesten nicht, wem diese Strafe aus den Zwölftafeln zugutekommen sollte. Es scheint jedoch Einigkeit darüber zu herrschen, dass hiervon der Gegner und nicht etwa der Fiskus profitieren sollte.[67] Diese Leistung wird von *Brinkmann*[68] und *Sintenis*[69] als Entschädigung dafür aufgefasst, dass sich der Gegner nunmehr den Priestern gegenüber sah, welche als mächtigere und beschwerlichere Widersacher angesehen wurden.

---

60 Übersetzung von Nov. 112, Kapitel 1 nach *Otto/Schilling/Sintenis*, CIC, VII, S. 522.

61 So auch *Windscheid/Kipp*, Pandektenrecht I, § 125, 1; *Zimmermann*, AcP 35 (1852), 431 (446).

62 So auch *Keller*, Pandekten, § 126 α, Fn. 4; *Zimmermann*, AcP 35 (1852), 431 (446).

63 Siehe oben; D.44.6.3.

64 *Brinkmann*, Litigiosität, I. § 1 (S. 4); *Wetzell*, Civilprocess, § 14 (S. 123).

65 Übersetzung von D.44.6.3 *de litigiosis* nach *Otto/Schilling/Sintenis*, CIC, IV, S. 571.

66 D.44.6.3.

67 *Brinkmann*, Litigiosität, I. § 1 (S. 5); *Otto/Schilling/Sintenis*, CIC, IV, Vermerk zu D.44.6.3 (S. 571); *Heffter*, System, § 318, S. 400.

68 *Brinkmann*, Litigiosität, I. § 1 (S. 5).

69 *Sintenis* in: *Otto/Schilling/Sintenis*, CIC, IV, Vermerk zu D.44.6.3 (S. 571).

Die Rechtsfolgen eines Verstoßes gegen das spätere Veräußerungsverbot Iustinians sind in C.8.37.4 *de litigiosis* dargestellt:[70] Das dingliche Rechtsgeschäft ist ohne Rücksicht auf die Kenntnis oder Unkenntnis einer Partei unwirksam (*tunc irrita rei alienatione facta*). Der zugrunde liegende schuldrechtliche Vertrag ist mit dem Mangel des streitigen Verhältnisses behaftet (*vitio litigiosi contractus subiacet*).[71] Das bedeutet zum einen, dass der Erwerber den Gegenstand an den Veräußerer zurückgewähren muss. Umgekehrt darf der Veräußerer den gezahlten Kaufpreis (*pretium*) nicht behalten. Der Veräußerer[72] verliert obendrein noch einmal dieselbe Summe (*alterum tantum*) zur Strafe. Handelte der Erwerber in Unkenntnis des Rechtsstreits über die Sache, so erhält er seinen Kaufpreis zurück und ein Drittel des *alterum tantum*, wobei die verbleibenden zwei Drittel an den Fiskus zu zahlen waren. Kannte der Erwerber aber den Rechtsstreit über die Sache, so erhielt er weder seinen Kaufpreis zurück noch einen Teil des *alterum tantum*. Der verbotswidrig handelnde Veräußerer wurde somit auch hier „*in die Strafe des Doppelten*" genommen, wie es bereits in den Zwölftafelgesetzen vorgesehen war.[73]

Wenn auch das römisch-rechtliche Veräußerungsverbot des streitbefangenen Gegenstandes in Deutschland Geltung beanspruchte,[74] so scheinen dessen Strafen nie angewandt worden zu sein.[75] Eine verbotswidrige Verfügung führt nach der Meinung Vieler[76] zur Nichtigkeit des dinglichen

---

70 Diese ebenfalls zusammenfassend *Vangerow*, Pandekten, § 160, V, 5) (S. 258).

71 Übersetzung von C.8.37.4 *de litigiosis* nach *Otto/Schilling/Sintenis*, CIC, VI, S. 225.

72 *Vangerow* hebt hervor, dass dies lediglich für ein Rechtsgeschäft auf Beklagtenseite gilt, Pandekten, § 160, V, 5) (S. 258). Tatsächlich ergibt sich diese Einschränkung aus C.8.37.4 aber nicht, in der ganz allgemein auf die Kontrahenten Bezug genommen wird, welche Klagen oder Sachen veräußern.

73 Siehe oben S. 13 ff.

74 Vgl. auch *Vangerow*, Pandekten, § 160, V, 7) (S. 259).

75 *Wächter*, HdB PrivatR Württemberg, § 71, Fn. 33 (S. 529); *Zimmermann*, AcP 36 (1853), 49 (54); *Vangerow*, Pandekten, § 160, V, 7) (S. 259); *Bayer*, Gemeiner Civilprozeß, § 174 (S. 561); *Zaun*, ApR VIII (1860), 279 (286); *Keller*, Pandekten, § 126 α, Fn. 4 letzter Hs.

76 *Vangerow*, Pandekten, § 160, V, 2) (S. 258); *Schroeder*, Lehre von den gesetzlichen Veräußerungsverboten, § 4 VI (S. 85); *Lauk*, Zeitschr. f. CivilR und Prozeß, 1 (8); *Gensler*, Commentar, zu § 142, A. 3. b. (S. 98); *Wächter*, HdB PrivatR

Rechtsgeschäfts, indem die in den Quellen angeordnete „Unwirksamkeit“ entsprechend verstanden wird. Gleichwohl gehen andere, wie etwa *Windscheid/Kipp*[77] und *Wächter*[78], davon aus, dass die römisch-rechtlichen Quellen hier keine eindeutige Sprache sprechen, die auf die Nichtigkeit des dinglichen Rechtsgeschäfts schließen ließe. Letzterem zufolge ordnete etwa C.8.37.4 keine „Unwirksamkeit“ im Sinne der Nichtigkeit an, sondern vielmehr eine solche, wie sie im Text beschrieben wird:[79] *„Sin autem ignorans rem litigiosam emerit vel per aliam speciem contractus eam acceperit, tunc irrita rei alienatione facta pretium cum alia tertia parte recipiat.“* Danach soll *„die Veräusserung der Sache ungültig sein, und er* [der Käufer] *das Kaufgeld mit dessen dritten Theile noch anderweit dazu zurückerhalten“*[80]. Diesem Verständnis nach wurde der Begriff der „Ungültigkeit“ hier also lediglich als Synonym für einen Vorgang gewählt, der auch sogleich beschrieben wird: Der Kaufpreis muss zuzüglich einem Drittel des Kaufpreises zurückgezahlt werden. Nach dieser Lesart würde hier keine Aussage über das dingliche Rechtsgeschäft getroffen und mangels entsprechender Anordnung könnte es für wirksam gehalten werden.[81]

(ii) Prozessual

In prozessualer Hinsicht äußerte sich das römische Recht Constantins in C.8.37.2 dahingehend, dass während eines schwebenden Prozesses weder die Klagen, die rechtshängig gemacht worden sind, noch die Sachen, auf die sich die Klage bezieht, vom Kläger übertragen werden können, indem der Prozess, *„wie wenn nichts geschehen wäre“*, zu Ende geführt werden

---

Württemberg, § 71 (S. 529); *Zimmermann*, AcP 36 (1853), 49 (54 f.); *Schweppe*, Röm. Privatrecht, § 226a; *Wening-Ingenheim*, Gemeines Civilrecht, § 119, bei (r); *Heffter*, System, § 318, S. 401; *Keller*, Pandekten, § 126 α, a); *Strippelmann*, Entscheidungen des OAG, V, S. 429.

77 *Windscheid/Kipp*, Pandektenrecht I, § 125, Fn. 5 und § 172a, 1.a).

78 *Wächter*, HdB PrivatR Württemberg, § 71, Fn. 33 (S. 529).

79 Vgl. *Wächter*, HdB PrivatR Württemberg, § 71, Fn. 33 (S. 529).

80 Übersetzung des angegebenen C.8.37.4 von *Otto/Schilling/Sintenis*, CIC, VI, S. 226.

81 Diese Konsequenz ziehen jedenfalls *Windscheid/Kipp*, Pandektenrecht I, § 125, 1. und *Wächter*, HdB PrivatR Württemberg, § 71, Fn. 33 (S. 529).

muss.[82] Zu diesem Zeitpunkt galt das Veräußerungsverbot nur zulasten des Klägers, welcher den Prozess ungeachtet seiner verbotswidrigen Veräußerung zu Ende führen musste. Dieses Ergebnis ist mit Blick auf die Schutzbedürftigkeit des Beklagten vor anderen oder gar weiteren Prozessgegnern ohne weiteres nachvollziehbar. Der Kläger ist in dem von C.8.37.2 vorgesehenen Falle auch nicht schutzwürdig, da er die Veräußerung selbst vorgenommen hat.

Interessanter sind hier die Folgen einer Veräußerung der *res litigiosa* durch den Beklagten. Da diese im älteren römischen Recht nicht verboten war, lassen sich auch keine Aussagen zu eventuellen Rechtsfolgen darüber in Bezug auf das ergehende Urteil im Rechtsstreit zwischen Kläger und Beklagtem finden. Mangels entgegenstehender Anhaltspunkte kann nicht davon ausgegangen werden, dass sich die Rechtskraft des Urteils – ähnlich des heutigen § 325 Abs. 1 ZPO – auch auf den Dritten erstreckt.[83] Vielmehr war der Kläger im Falle des gewonnenen Prozesses auf die vom Beklagten geleistete Sicherheit beschränkt.[84]

Die Folgefrage, ob der Kläger danach einen neuen Prozess gegen den Dritten anstrengen konnte, ist nach dem sog. *Prinzip der Klagenkonsumtion* zu verneinen.[85] Aus der vorangegangenen Einlassung[86] des Beklagten auf den Rechtsstreit (*litis contestatio*) im bereits stattgefundenen Verfahren galt die Klage als erschöpft („konsumiert“) und konnte nicht wieder von Neuem

---

82 Übersetzung von C.8.37.2 *de litigiosis* nach *Otto/Schilling/Sintenis*, CIC, VI, S. 224 f.: *Lite pendente actiones, quae in iudicium deductae sunt, vel res, pro quibus actor a reo detentis intendit, in coniunctam personam vel extraneam donationibus vel emptionibus vel quibuslibet aliis contractibus minime transferri ab eodem actore liceat, tamquam si nihil factum sit, lite nihilo minus peragenda;*vgl. auch *Windscheid/Kipp*, Pandektenrecht I, § 125, 1.

83 *Schroeder*, Lehre von den gesetzlichen Veräußerungsverboten, § 4 VI (S. 87); *Mühlenbruch*, Cession, § 29 (S. 354).

84 *Zaun*, ApR VIII (1860), 279 (281).

85 *Savigny*, System VI, § 281 (S. 267); *Zaun*, ApR VIII (1860), 279 (281).

86 Einlassung, Antwort, Kriegsbefestigung und Litiscontestation sind verschiedene Begriffe, die „des Beklagten schriftliche oder mündliche Antwort im speciellen Sinne, auf die in der Geschichtserzählung der Klage enthaltenen Tatsachen“ beschreiben, *Gensler*, Commentar, zu § 143 und § 144, A. (S. 99); vgl. auch *Linde*, Civilprozess, § 204; *Wetzell*, Civilprocess, § 14 (S. 117).

erhoben werden;[87] dem Dritten stand die *exceptio rei in judicium deductae*[88] zu, die später *exceptio litis pendentis*[89] genannt wurde.

Im römischen Recht regelte Iustinians C.8.37.4 auch das Veräußerungsverbot der *res litigiosa* bezüglich des Beklagten. Zwar kann auch hier nicht davon ausgegangen werden, dass das zugunsten des Klägers ergehende Urteil Rechtswirkung gegenüber dem Dritten entfaltete und direkt zur Vollstreckung gebracht werden konnte, jedoch wurde ein über die Entschädigung durch Erhalt der Sicherheitsleistung hinausgehendes Interesse des Klägers erkannt und diesem die *Revokationsklage*[90] gewährt. Mit dieser konnte der Kläger die *res litigiosa* von dem Dritten an den Beklagten heraus verlangen.[91] Somit konnte das ergehende Urteil zwischen Kläger und Beklagtem, das auch nur ihnen gegenüber Rechtswirkung entfaltete, im Wege der Naturalexekution vollstreckt werden, und der Kläger erlangte auf diese Weise seine Sache zurück.[92] Ferner scheint das Prinzip der Klagenkonsumtion keine Geltung mehr beansprucht zu haben, so dass der Kläger stattdessen auch den Prozess gegen den ursprünglichen Beklagten fallen lassen und eine neue Klage gegen den Erwerber erheben konnte.[93] Davon wird der Kläger aber wohl nur Gebrauch gemacht haben, wenn der Beklagte ohne Erben oder Zurücklassung eines Vertreters starb,[94] da er andernfalls um die Früchte des bisherigen Prozesses gebracht würde.

87 *Savigny*, System VI, § 281 (S. 267); *Zaun*, ApR VIII (1860), 279 (281).

88 *Savigny*, System VI, § 281 (S. 267); *Wetzell*, Civilprocess, § 14 (S. 126); *Zaun*, ApR VIII (1860), 279 (281); *Seidl*, Geschichte und Prozessrecht, Rn. 445; *Strippelmann*, Entscheidungen des OAG, V, S. 418.

89 *Wetzell*, Civilprocess, § 14 (S. 126).

90 *Seuffert*, Pandektenrecht I, § 124, Fn. 6 (S. 168); *Eigenbrodt*, ApR VII (1860), 193 (201). Im kanonischen Recht wurde die Klage *de vitio litigiosi* genannt (X.2.16.3), wobei diese Bezeichnung ihren Ursprung wiederum in C.8.37.4 („*Censemus, ut, si quis lite pendente vel actiones vel res quas possidet ad alium quendam transtulerit [...] vitio litigiosi contractus subiacere [...]*“) findet, vgl. *Eigenbrodt*, ApR VII (1860), 193 (200).

91 *Thibaut*, Pandektenrecht II, § 584 [k]; *Windscheid/Kipp*, Pandektenrecht I, § 125, Fn. 6; *Schweppe*, Röm. Privatrecht, § 226a (S. 52); *Seuffert*, Pandektenrecht I, § 124 (S. 168); *Wächter*, HdB PrivatR Württemberg, § 71 (S. 529); *Eigenbrodt*, ApR VII (1860), 193 (200); *Zaun*, ApR VIII (1860), 279 (282).

92 *Zaun*, ApR VIII (1860), 279 (282 f.).

93 *Savigny*, System VI, § 258 (S. 25); *Zaun*, ApR VIII (1860), 279 (283).

94 *Zaun*, ApR VIII (1860), 279 (283).

b) *Einfluss des kanonischen Rechts und der Reichsgesetze*

Das kanonische Recht änderte an dem Veräußerungsverbot und den prozessualen Folgen jedenfalls im Wesentlichen nichts.[95] Papst Innocenz III. bestätigte das Veräußerungsverbot im Jahre 1199 und es fand seinen Niederschlag in dem Grundsatz des kanonischen Rechts *„ut lite pendente nihil innovetur“*[96] – während eines anhängigen Prozesses dürfen keine Neuerungen vorgenommen werden.[97] Da Veräußerungen unter die „Neuerungen“ dieses Grundsatzes zu subsumieren sind, blieb auch von kanonischrechtlicher Seite aus das Veräußerungsverbot der *res litigiosa* in Kraft.[98] Uneinheitlicher wird die Frage beantwortet, ob das Veräußerungsverbot der *actio litigiosa* Änderungen durch das kanonische Recht erfahren hat. Zwar bestand dieses an sich schon früher, es wird jedoch darüber gestritten, ab wann das Veräußerungsverbot Wirkung entfaltete und im Rahmen dessen, ob es insoweit durch das kanonische Recht modifiziert wurde. Obwohl das kanonische Recht im Allgemeinen die Grundsätze des römischen Rechts bestätigt[99] und die Meinungsverschiedenheit an dieser Stelle für diese Arbeit nur untergeordnete Relevanz besitzt, sei auf sie der Vollständigkeit halber kurz eingegangen: Im römischen Recht war Anknüpfungspunkt des Veräußerungsverbots der *res litigiosa* und der *actio litigiosa* der anhängige Rechtsstreit (*lis pendens*).[100] In Bezug auf die *res litigiosa* genügte die Mitteilung der Klage an den Beklagten für eine *lis pendens*,[101] mithin entfaltete das

---

95 *Zimmermann*, AcP 36 (1853), 49; *Eigenbrodt*, ApR VII (1860), 193 (197); zu den Änderungen bzw. Erweiterungen des römisches Rechts durch das kanonische Recht vgl. *Mittermaier*, Gemeiner Prozeß, § IV (S. 27).

96 *Zimmermann*, AcP 36 (1853), 49; vgl. auch zum Beispiel X.2.16 – *„Ut lite pendente nihil innovetur“* und Clem. 2.5.2: *Lis dicitur pendere quoad hoc, ut nihil debeat innovari* [...]. Dieser Grundsatz ist auch im heute geltenden Codex Iuris Canonici noch enthalt: *Cum citatio legitime notificata fuerit aut partes coram iudice steterint ad causam agendam: lis pendere incipit; et ideo statim locum habet principium „lite pendente, nihil innovetur“* (Can. 1512 n. 5 CIC/1983).

97 Übersetzung von Clem. 2.5.2 *ut lite pendente nihil innovetur* nach *Schilling/Sintenis*, CICan, II, S. 419.

98 *Eigenbrodt*, ApR VII (1860), 193 (196).

99 *Brinkmann*, Litigiosität I § 1 (S. 25); *Zimmermann*, AcP 36 (1853), 49.

100 C.8.37.2, C.8.37.4 und Nov. 112 Kapitel 1.

101 Vgl. Nov. 112, Kapitel 1: *Ideoque sancimus litigiosam did et intellegi rem mobilem vel inmobilem seseque moventem, de cuius dominio causa inter*

Veräußerungsverbot ab diesem Zeitpunkt seine Wirkung.[102] Dies ist unmittelbar einsichtig, da dem Beklagten jedenfalls ab diesem Zeitpunkt bewusst ist, dass ein anderer einen Anspruch auf die von ihm besessene Sache erhebt und er diese bei prozessualer Niederlage herauszugeben hat. Aus Sicht des Beklagten begründet bereits diese Mitteilung den Rechtsstreit, unabhängig von seiner Reaktion auf die Klage, da bereits die Absicht des anderen Teils deutlich wird, dessen Anspruch durchzusetzen. Dem Beklagten, dessen Recht von dem Veräußerungsverbot betroffen sein soll, ist bereits die „prozessuale Willenserklärung" seines Gegenübers zugegangen. Umgekehrt, in Bezug auf die *actio litigiosa*, bedurfte es für eine *lis pendens*, die die Wirkung des Veräußerungsverbots nach sich zog mehr, nämlich der Einlassung des Beklagten auf den Rechtsstreit.[103] Die Verschiebung des Anknüpfungspunkts einer *lis pendens* bei der *actio litigiosa* ist aus Sicht des Klägers nachvollziehbar: Obgleich sein Recht von dem Veräußerungsverbot betroffen sein soll, ist ihm der prozessuale Willen seines Gegenübers (noch) nicht bekannt. Insoweit ist es auch etymologisch verständlich, dass an dieser Stelle noch nicht von einem „Streit" gesprochen werden kann. Erst durch seine Einlassung macht der Beklagte deutlich, sich gegen die Klage wehren zu wollen und es kann von einer *lis pendens* gesprochen werden. Vielfach wird die Meinung vertreten, dass sich durch das kanonische Recht an diesen Anknüpfungspunkten nichts geändert habe.[104] Teilweise wird jedoch behauptet, dass das Veräußerungsverbot der *actio litigiosa* bereits durch Mitteilung der Klage an den Beklagten

---

petitorem et pessidentem movetur aut per iudiciariam conventionem aut per preces principi oblatas et insinuatas iudici ac per eum adversario interpellatoris cognitas.

102 *Thibaut*, Pandektenrecht III, § 1123; *Mühlenbruch*, Cession, § 31, II (S. 386); *Eigenbrodt*, ApR VII (1860), 193 (196); *Grolman*, Gerichtl. Verfahren, § 53 c) (S. 65).

103 *Thibaut*, Pandektenrecht III, § 1123; *Bayer*, Gemeiner Civilprozeß, § 186 (S. 595); *Mühlenbruch*, Cession, § 31, II (S. 386); *Brinkmann*, Litigiosität, IV. § 5 (S. 80); *Eigenbrodt*, ApR VII (1860), 193 (196); *Linde*, Civilprozess, § 206 (S. 301).

104 *Mühlenbruch*, Cession, § 31, II (S. 388); *Zimmermann*, AcP 36 (1853), 49; *Eigenbrodt*, ApR VII (1860), 193 (197); *Thibaut*, Pandektenrecht III, § 1123; *Bayer*, Gemeiner Civilprozeß, § 186 (S. 595); *Linde*, Civilprozess, § 206 (S. 301).

eintritt.[105] Diese Meinungsverschiedenheit beruht im Wesentlichen auf einem unterschiedlichen Verständnis des Satzes „*lite pendente nihil innovandum est*" und der Frage, was unter diesen Neuerungen zu verstehen ist.[106] Von *Linde*[107] etwa wird diese Uneinigkeit als „bloßer Wortstreit" beschrieben. Ohne diesen Streit zu vertiefen oder gar zu entscheiden, sei nochmals darauf hingewiesen, dass das kanonische Recht jedenfalls insoweit nichts am römisch-rechtlichen Veräußerungsverbot des streitbefangenen Gegenstandes verändert hat, als für diese Arbeit von Relevanz wäre.

Auch die deutschen Reichsgesetze erwähnen die *res litigiosa* bzw. *actio litigiosa* gelegentlich, scheinen aber ihre Wirkung und insbesondere die Folgen einer Veräußerung seit dem römischen Recht nicht zu verändern.[108]

c) Subjektive Rechtskraft gegenüber Dritten

Auch wenn sich die Meinungsverschiedenheiten in Bezug auf das römische Recht nicht gelegt haben, so sind sie aufgrund verschiedener Entwicklungen im gemeinen Prozessrecht doch von geringerer Relevanz. Die prozessuale Praxis, die sich auf das kanonische Recht und dessen Grundsatz „*ut lite pendente nihil innovetur*" sowie das römische Recht zurückführen lässt,[109] nahm entgegen der sonst geltenden Regel „*res inter alios acta tertio non nocet*"[110] an, dass das Urteil gegen den Beklagten auch gegen seinen Rechtsnachfolger Rechtswirkung entfalte und zwar ohne weiteren Prozess[111] – jedenfalls soweit es um die *res litigiosa* ging. Hinsichtlich der *actio litigiosa* unterlag noch im Jahre 1857 ein Revisionskläger am Oberappellationsgericht (OAG)

---

105 *Brinkmann*, Litigiosität, IV. § 5 (S. 82); den Streitstand darstellend *Eigenbrodt*, ApR VII (1860), 193 (197); *Mühlenbruch*, Cession, § 31, II (S. 387); und ausführlichst darstellend *Gesterding*, Irrthümer, V. (S. 123–151).

106 Ausführliche Auseinandersetzung hierzu bei *Gesterding*, Irrthümer, V. (S. 123–151).

107 *Linde*, Civilprozess, § 206, Fn. 1 (S. 301).

108 So auch *Zimmermann*, AcP 36 (1853), 52.

109 *Gensler*, Commentar, zu § 142, A. 3. (S. 98); *Schroeder*, Lehre von den gesetzlichen Veräußerungsverboten, § 4 VI (S. 87).

110 *Zimmermann*, AcP 36 (1853), 49 (54).

111 *Gensler*, Commentar, zu § 142, A. 3. b. (S. 98); *Wächter*, HdB PrivatR Württemberg, § 71 (S. 529); *Schroeder*, Lehre von den gesetzlichen Veräußerungsverboten, § 4 VI (S. 87); *Zimmermann*, AcP 36 (1853), 49 (54 f.); *ders.*; ApR I (1853), 3 (8).

München. Der Kläger stützte seine Revision darauf, dass sich die Praxis oder das Gewohnheitsrecht hinsichtlich der Abtretung streitbefangener Forderungen entgegen dem römisch-rechtlichen Veräußerungsverbot entwickelt habe.[112] Das OAG München sprach hier jedoch stets nur von Forderungen und deren Zession, verlor dabei aber kein Wort über streitbefangene Sachen.

Die Praxis hinsichtlich der *res litigiosa* knüpfte bei der subjektiven Rechtskrafterstreckung auf den Rechtsnachfolger weder an Gut- noch Bösgläubigkeit an.[113] In diesem Zusammenhang wird wiederum C.8.37.2 – *de litigiosis* angeführt:[114] *„tanquam si nihil factum sit, lite nihilominus peragenda"*. Im Beispiel 2[115] käme es daher überhaupt nicht auf die Varianten a)-c) an. Der Fall wäre für jede einzelne immer gleich zu beurteilen. Zwar verlangte diese Praxis keinen neuen Prozess im Erkenntnisverfahren, ein „Befehl zur Verfolgung des rechtskräftigen Erkenntnisses"[116] musste jedoch noch erteilt werden. Alternativ konnte der Kläger auch eine neue Klage gegen den Dritten erheben, trug dabei aber natürlich die Gefahr des erhöhten Zeit- und Kostenaufwands.[117] Das hieße für das Beispiel 2, dass der Rechtsnachfolger D das Urteil gegen sich gelten lassen müsste und K es – nach Erteilung eines entsprechenden Titels – auch gegen ihn vollstrecken könnte. Diese Rechtskrafterstreckung auf den Dritten, wenngleich es sich „nur" um eine Praxis handelt, begegnete in der Literatur vereinzelt Bedenken, welche der Vollständigkeit halber nicht verschwiegen werden sollen. Insbesondere der Ministerialrat *Eigenbrodt* war hier anderer Auffassung. *„Denn es gehört zu den Grundregeln des Prozesses ja aller Gerechtigkeit, dass Niemandem das rechtliche Gehör versagt werden darf, und eine Gewohnheit oder Praxis die hiergegen verstößt, kann als unvernünftig keine*

---

112 Beide Entscheidungen nachzulesen bei *Seuffert*, Archiv XII, Nr. 89 (S. 124).

113 *Zimmermann*, AcP 36 (1853), 49 (55); daher führte auch ein Fall der Art. 306, 307 ADHGB, etwa weil im Beispiel 2) B Kaufmann ist und dem D das Gemälde als Kunsthändler in seinen Verkaufsräumen veräußert, zu keinem anderen Ergebnis (vgl. dazu unten S. 57 f.).

114 *Gensler*, Commentar, zu § 142, A. 3. b. (S. 98); *Wächter*, HdB PrivatR Württemberg, § 71, Fn. 33 (S. 529); *Zimmermann*, AcP 36 (1853), 49 (54).

115 Siehe oben S. 5.

116 *Zimmermann*, AcP 36 (1853), 49 (58).

117 *Zaun*, ApR VIII (1860), 279 (294); *Zimmermann*, ApR I (1853), 3.

Geltung in Anspruch nehmen.“[118] Das Urteil gegen den Beklagten könne daher seiner Meinung nach nicht gegen den Dritten vollstreckt werden. Erforderlich sei vielmehr eine selbstständige Klage, die wie jede andere Klage zu behandeln sei.[119] Demnach hätte K im Beispiel 2[120] zwar einen Titel erstritten, jedoch nur mit Rechtswirkung gegenüber B, da D jedenfalls kein rechtliches Gehör gewährt wurde. K müsste nunmehr Klage gegen D erheben und erneut prozessieren.

So berechtigt die Zweifel *Eigenbrodts* dem Grunde nach auch sein mögen, so wenig änderten sie an der Praxis, welche sich auch auf das materielle Recht auswirkte. War eine Veräußerung der *res litigiosa* zwar verboten, ein Zuwiderhandeln jedoch straflos,[121] und konnte der obsiegende Kläger sich mit dem Urteil direkt gegen den Dritten wenden, so lag es nicht mehr fern, die Veräußerung der *res litigiosa* als gestattet anzusehen; dahingehend entwickelte sich auch das Verständnis.[122] Die praktische Beseitigung des Veräußerungsverbots hatte auch einen weiteren Grund: Es wurde für unbillig gehalten, den Beklagten über den unter Umständen langen Zeitraum des Prozesses hinweg an einer für ihn eventuell günstigen Veräußerung zu hindern,[123] und das obwohl der Prozess schließlich auch zu seinen Gunsten ausgehen konnte. Eine Veräußerung der *res litigiosa* wurde somit als wirksam angesehen, ging jedoch „*cum suo onere*“[124] aufgrund des anhängigen Rechtsstreits auf den Rechtsnachfolger über. Denn es gilt der alte Satz, dass niemand mehr Rechte geben kann, als er hat (*nemo plus iuris ad alium transferre potest quam ipse habet*).[125] Die Veräußerung entfaltete

118 *Eigenbrodt*, ApR VII (1860), 193 (202).
119 *Eigenbrodt*, ApR VII (1860), 193 (202).
120 Siehe oben S. 5.
121 Siehe oben S. 17 ff.
122 *Gensler*, Commentar, zu § 142, A. 3. a. (S. 98); *Zimmermann*, AcP 36 (1853), 49 (56); *Zaun*, ApR VIII (1860), 279 (289); *Struckmann/Koch*, CPO dt. Reich, § 236, 3) (S. 194); das „von der neueren Praxis und [Partikular-] Gesetzgebung bereits durchlöcherte Verbot der Veräußerung in Streit befangener Gegenstände“, *Endemann*, Dt. Civilprozess II, § 236, 1. (S. 25).
123 *Zaun*, ApR VIII (1860), 279 (288).
124 *Zimmermann*, AcP 36 (1853), 49 (57).
125 *Freudenstein*, Rechtskraft, § 21 Fn. 2 (S. 219).

somit gegenüber einem obsiegenden Kläger keine Wirkung;[126] es lag ein Fall *relativer Unwirksamkeit* vor.[127] Diese „Belastung" der *res litigiosa* mit dem anhängigen Rechtsstreit wirkte jedoch in beide Richtungen: Der Erwerber konnte umgekehrt dem Kläger sowie seinen Rechtsnachfolgern im Falle eines neu angestrebten Prozesses die *exceptio rei iudicatae* entgegenhalten.[128] Das bedeutet für das Beispiel 1[129], dass D zum Zeitpunkt der Veräußerung zwar das Eigentum an dem Gemälde erworben hat, jedoch „belastet" mit einem anhängigen Rechtsstreit. Nach dem Grundsatz, dass niemand mehr Rechte übertragen kann als er selber hat, käme dieser Belastung die Rechtsnatur einer dinglichen Rechtsbelastung zu. Veräußerte D das Gemälde an einen Dritten X weiter, so ginge diese Belastung ebenfalls mit über. Das sodann ergehende Urteil könnte K gegen D (oder auch X) vollstrecken. Nach dem Prinzip der relativen Unwirksamkeit wäre D (wie auch X) gegenüber Jedermann Eigentümer geworden – der Veräußerer war schließlich Eigentümer – nur nicht gegenüber dem „Belastungsgläubiger", dem obsiegenden Kläger K.

Die soeben beschriebene Rechtskrafterstreckung auf den Dritten galt nicht nur im Falle der Eigentumsklage, sondern bei allen dinglichen Klagen, bei possessorischen Klagen und bei den *actiones in rem scriptae*, da sich diese ebenfalls auf eine bestimmte Sache beziehen.[130] Da persönliche Klagen nicht an einer bestimmten Sache anknüpfen, welche „rechtsstreitbelastet" übergehen könnte, fand die Rechtskrafterstreckung auf sie keine Anwendung.[131]

---

126 *Gensler*, Commentar, zu § 142, A. 3. a. (S. 98); *Zimmermann*, AcP 36 (1853), 49 (55).

127 Wohl ebenfalls hier den Fall relativer Unwirksamkeit erblickend *Keller*, Pandekten, § 126 α, Fn. 4.

128 *Windscheid/Kipp*, Pandektenrecht I, § 125, Fn. 6; *Zimmermann*, AcP 36 (1853), 49 (57).

129 Siehe oben S. 4.

130 Materialien bei *Hahn*, § 228 (S. 261); *Zimmermann*, AcP 36 (1853), 49 (59); *ders.*; ApR I (1853), 3 (8); *Heffter*, System des Civil-Proceßrechts, § 318, S. 401; **anderer Ansicht** *Gensler*, Commentar, zu § 142, A. 3. b. (S. 98), der dies als streitig darstellt.

131 Näheres zur Rechtskrafterstreckung bei persönlichen Klagen s. *Brinkmann*, Litigiosität, III § 3, 1. A (S. 50 ff.).

II. Preußisches Recht

1. Einleitung

Ein preußisches Recht konnte sich erst ab Beginn des 18. Jahrhunderts entwickeln, als aus dem preußischen Staat ein „einheitlicher Organismus“ wurde.[132] Zuvor konnte von keiner engen Rechtsgemeinschaft zwischen den einzelnen Territorien gesprochen werden. Vielmehr galten Provinzialrechte, Stadtrechte, örtliche Gewohnheitsrechte und Gerichtspraktiken.[133] Auch auf dem Gebiet des preußischen Rechts galt neben dem einheimischen Recht das gemeine Recht, zunächst subsidiär,[134] welches zunehmend an Bedeutung gewann und somit auch die älteren deutschen Rechte und einige ihrer Prinzipien verdrängte.[135] Dies war die Folge des Studieninhalts italienischer und später deutscher Universitäten, welche das römische und das kanonische Recht lehrten, und des Umstandes, dass das einheimische Recht nicht in derart umfassenden Schriften zusammengetragen war und somit zunehmend in Vergessenheit geriet.[136] Allerdings entwickelte sich das gemeine Recht in Preußen zu einer ganz eigenen Form. Der Anfangsschritt der Entwicklung erfolgte nur durch Auslegung und Meinung der Richter in Form von Gerichtsbräuchen und Schriften, dann aber auch durch die Gesetzgebung in Form von Rechtssätzen, landesherrlichen Erlassen und Befehlen sowie Verordnungen und Edikte.[137] Daraus resultierte ein besonderes „preußisch-gemeines“ Recht, das in einzelnen Teilen und Bestimmungen vielfach modifiziert und verändert wurde. Von hier an nahm das Recht in Preußen seinen eigenen Weg.[138] Dabei wurde im Laufe der Zeit das auf diese

---

132 *Dernburg*, Lehren, I. § 3.

133 *Dernburg*, Lehren, I. § 3.

134 *Euler*, Geschichte des ALR, § 1 (S. 6).

135 So wurde etwa durch die römisch-rechtliche Vindikationsklage, welche gegen jeden Besitzer in Betracht kam, das *Hand wahre Hand*-Prinzip verdrängt, wonach der Eigentümer einer beweglichen Sachen sie grundsätzlich nur von seinem Vertrauensmann und nicht von einem Dritten (etwa im Falle vertragswidriger Weiterveräußerung) herausverlangen konnte, *Koch*, ALR II, Teil 1 Tit. 15 § 1, Fn. *; zum *Hand wahre Hand*-Prinzip vgl. HRG, „Hand wahre Hand“.

136 *Koch*, Preuß. Privatrecht I, § 5 a) (S. 12).

137 *Koch*, Preuß. Privatrecht I, § 5 a) (S. 13).

138 *Koch*, Preuß. Privatrecht I, § 5 a) (S. 13).

Weise geschaffene Recht an verschiedenen Stellen als ungeeignet empfunden. So wurde die fehlende systematische Einheit, die fremde Sprache und die Fülle der Streitfragen[139] sowie der unverhältnismäßig hohe Zeitaufwand, um sein Recht zu erstreiten,[140] bemängelt.

Das Prozessrecht entwickelte sich sodann in einem Zeitraum von etwa fünfzig Jahren vom *Project eines Codicis Fridericiani Pomeranici* (1747) über das *Project des Codicis Fridericiani Marchici* (1748) und das *Corpus juris Fridericianum* (1781) hin zu einer *Allgemeinen Gerichtsordnung für die Preußischen Staaten* (1793), deren erster Teil die Prozessordnung[141] bildete.

Auf materiell-rechtlicher Seite gab es ebenfalls mehrere Versuche, ein neues kodifiziertes Recht zu schaffen, welches nicht zuletzt aufgrund der von Friedrich II. („Friedrich dem Großen") angestoßenen Justizreformen am Ende das *Allgemeine Landrecht für die Preußischen Staaten*[142] hervorbrachte. Dieses erlangte ab dem 1. Juni 1794 Gesetzeskraft[143] und ersetzte das römische bzw. gemeine Recht vollständig.[144] Freilich lehnte es sich aber teilweise noch an das römische Recht an oder baute darauf auf,[145] soweit dies mit den preußischen Sitten, Gewohnheiten und der Verfassung vereinbar war.[146]

2. Veräußerung der streitbefangenen Sache

a) Veräußerungsverbote

In der preußischen Zivilprozessordnung von 1793 blieb das Veräußerungsverbot der *res litigiosa* erhalten. So stellt Teil 1 Tit. 7 § 48 Preuß-GO die

---

139 *Dernburg*, Lehren, I. § 4.
140 *Dernburg*, Lehren, I. § 5.
141 Dieser erste Teil wird im Folgenden „Preuß-GO" genannt.
142 Im Folgenden „ALR" genannt.
143 *Dernburg*, Lehren, I. § 3; *Koch*, Preuß. Privatrecht I, § 8 (S. 35).
144 *Koch*, Preuß. Privatrecht I, § 8 (S. 39).
145 So war im ALR die Vindikation etwa nicht mehr nur auf die Herausgabe von Sachen begrenzt, sondern diente der „Herausgabe" aller Gegenstände und Rechte des Vermögens. Ferner konnten in den meisten Fällen Gegenstände nur gegen Erstattung des vom Besitzer geleisteten vindiziert werden; vgl. *Koch*, ALR II, Teil 1 Tit. 15 § 1, Fn. *.
146 So befahl es schon die Kabinetts-Ordre vom 14. April 1780; *Euler*, Geschichte des ALR, S. 4.

Wirkungen der Rechtshängigkeit[147] dar und bestimmt unter lit. c): „*Die in Anspruch genommene Sache [wird] dadurch streitig, (res litigiosa) und ihr Besitzer darf damit keine Veränderung vornehmen, wodurch dem Gegner, wenn er den angefangenen Prozeß gewönne, ein Nachtheil erwachsen könnte. Hieraus folgt, daß eine solche streitige Sache nicht vernichtet, veräußert, abhänden gebracht, oder durch übermäßigen Gebrauch, oder vernachläßigte Aufsicht verschlimmert werden dürfe; [...]*".

Für einen Verstoß gegen dieses Verbot benennt die Norm auch sogleich die Rechtsfolge: „*[...] widrigen Falls derjenige, welcher sie zur Zeit der insinuierten Citation besaß, den Gegner, wenn derselbe ein obsiegendes Urteil erhält, vollständig entschädigen, und den Werth der Sache, oder die entstandene Verschlimmerung, nach der Zeit der insinuierten Citation, vergüten muß.*" Es wird also Schadensersatz gewährt; über die dingliche Rechtslage äußert sich die Norm nicht. Zwar spricht die Norm von *dürfen* und nicht etwa *können*, jedoch ist die Quelle der materiellen Rechtsfindung regelmäßig nicht das Prozessrecht. Um die Rechtslage einer verbotswidrigen Verfügung, mithin den Rechtszustand vor Inkrafttreten der CPO nachvollziehen zu können, ist zunächst ein Blick auf das materielle Recht zu werfen.

b) Allgemeines Landrecht für die Preußischen Staaten

aa) Veräußerung von beweglichen Sachen

Der rechtsgeschäftliche Eigentumserwerb bei beweglichen Sachen erforderte einen Rechtsgrund (sog. „Titel des Eigentums"[148]), eine Übergabe, eine Einigung[149] für den Vollzug des Titels bei Übergabe und das Eigentum des Veräußerers, Teil 1 Tit. 10 §§ 1–3 ALR. Das Eigentum des Veräußerers muss jedoch nur „der Regel nach" bestehen, Teil 1 Tit. 10 § 3 ALR. Im Übrigen wird auf die Teil 1 Tit. 15 §§ 42 ff. ALR verwiesen. Dies sind somit

---

147 Die Norm spricht von „insinuierter Vorladung" oder „insinuierter Citation". Dies entspricht dem Inhalt der heutigen Rechtshängigkeit, welche durch Zustellung der Klageschrift an den Beklagten begründet wird, §§ 261 Abs. 1, 253 Abs. 1 ZPO.

148 Teil 1 Tit. 9 § 2 ALR.

149 *Koch*, Preuß. Privatrecht I, § 254 (S. 463); *ders.*, ALR I, Teil 1 Tit. 10 § 1, Fn. *.

die Vorschriften des ALR, die dem gutgläubigen[150] Erwerb des BGB bei beweglichen Sachen am nächsten kommen, indem sie von dem Erfordernis des Eigentums des Veräußerers eine Ausnahme machen. Diese Vorschriften führen ihrem Wortlaut nach jedoch nicht zu einem Eigentumserwerb, sondern schließen lediglich die Vindikation[151] des Eigentümers in einigen Sonderfällen[152] aus. Keinesfalls kann hier entgegen dem Wortlaut der Teil 1 Tit. 15 §§ 42 ff. ALR von einem Eigentumserwerb ausgegangen werden. Zwar führte ein fehlender Eigentumserwerb in der Konsequenz dazu, dass jeder Rechtsnachfolger der Vindikation des ursprünglichen Eigentümers ausgesetzt wäre, wenn nicht erneut Teil 1 Tit. 15 §§ 42 ff. ALR oder die Vorschriften über die Ersitzung[153] Anwendung finden oder der rechtmäßige Eigentümer zu irgendeinem Zeitpunkt ein Glied in der Veräußerungskette wird und dadurch die rechtmäßige „Verfügungsordnung" wieder herstellt. Gleichwohl ist diese Konsequenz nicht ungewöhnlich und auch dem BGB bekannt, unterscheidet sie sich doch nicht von den Rechtsfolgen des heutigen § 935 Abs. 1 BGB, welcher den gutgläubigen Erwerb abhandengekommener Sachen ausschließt und somit ebenfalls dazu führt, dass der aktuelle Besitzer stets einer Vindikationslage ausgesetzt ist, wenn nicht Ersitzung eintritt oder der Eigentümer zwischenzeitlich wieder den Besitz erhält und

---

150 Um der Dogmatik des BGB gerecht zu werden und Unklarheiten zu vermeiden, sei an dieser Stelle darauf hingewiesen, dass hier vom „gutgläubigen" Erwerb nur gesprochen wird, wenn es sich tatsächlich um einen Erwerb kraft „guten Glaubens" (§ 932 Abs. 2 BGB), also *beweglicher* Sachen handelt. Dass etwa der redliche Erwerb bei Grundstücken kein „gutgläubiger" ist, zeigt die Legaldefinition des guten Glaubens, welcher – anders als § 894 BGB bei Grundstücken – die Abwesenheit grob fahrlässiger Unkenntnis fordert, § 932 Abs. 2 BGB.

151 Vgl. Teil 1 Tit. 15 §§ 1 ff. ALR.

152 Dazu zählt etwa der Erwerb vom Fiskus oder aus öffentlichen Versteigerungen (Teil 1 Tit. 15 § 42 ALR) sowie der Erwerb von Geld oder Inhaberpapieren (Teil 1 Tit. 15 §§ 46, 47 ALR).

153 Das Preußische ALR spricht hier von Verjährung des Eigentums (Teil 1 Tit. 9 §§ 501, 665 ALR) und differenziert bei der Dauer der Verjährungsfrist je nach Vorliegen von Abhandenkommen, eines zum Eigentumserwerbs geeigneten Titels (Teil 1 Tit. 9 §§ 501 ff. ALR); Unredlichkeit schließt auch hier die Verjährung von Eigentum aus (Teil 1 Tit. 9 § 663 ALR).

weitere Veräußerungen nicht mehr dem Regime des § 935 Abs. 1 BGB unterfallen.

Der Veräußerer musste also Eigentümer sein, damit es zu einem Eigentumswechsel kam. Es existierte im preußischen ALR, welches sich hier an das gemeine Recht anlehnte, kein gutgläubiger Erwerb des Eigentums vom Nichtberechtigten bei beweglichen Sachen („*nemo plus iuris ad alium transferre potest quam ipse habet*")[154].

bb) Veräußerung von Grundstücken

Gleiches galt zunächst auch für den redlichen Erwerb von Grundstücken. Zwar besagt Teil 1 Tit. 10 § 7 ALR, dass „*der in das Hypothekenbuch eingetragene Besitzer [...] in allen mit einem Dritten über das Grundstück geschlossene Verhandlungen als der Eigenthümer desselben angesehen [wird]*", jedoch galt diese Vorschrift nur für Rechte an Grundstücken ohne das Eigentum.[155] Zu dessen Übertragung ist nämlich auch hier die Übergabe (Teil 1 Tit. 10 § 1 ALR) erforderlich. Das Erfordernis der Übergabe folgt aus dem römisch-rechtlichen *Traditionsprinzip*[156], welches über das gemeine Recht auch im ALR seinen Niederschlag gefunden hat: Es galt einerseits – wie auch heute[157] – für die Übereignung beweglicher Sachen,[158] andererseits aber – und gerade nicht wie heute[159] – auch für die Übereignung unbeweglicher Sachen. Dennoch sah das preußische Recht auch die Eintragung in ein Hypothekenbuch vor,[160] welche auf dem deutschen *Auflassung- und Eintragungsprinzip*[161] beruht. Über die Unvereinbarkeit beider Prinzipien miteinander, da nach dem Traditionsprinzip der Schwerpunkt des Erwerbungsakts auf der Übergabe liegt und ein öffentliches Register überflüssig

154 D.50.17.54; *Kaser/Knütel*, Röm. PrivatR, § 24 Rn. 3.
155 *Koch*, ALR I, Teil 1 Tit. 10 § 7, Fn. 5; *ders.* Preuß. Privatrecht I, § 253 (S. 460).
156 Motive bei *Werner*, §§ 1–11, S. 12 (r. Sp.); *Bahlmann*, Grundbuchrecht, § 2 GEG, Fn. 11 (S. 20).
157 Vgl. zum Erfordernis einer Übergabe oder eines Übergabesurrogats §§ 929–931 BGB.
158 Siehe oben.
159 Vgl. § 873 Abs. 1 BGB, welcher die Übergabe durch die Eintragung im Grundbuch ersetzt.
160 Vgl. Teil 1 Tit. 10 §§ 6 ff. ALR.
161 Motive bei *Werner*, §§ 1–11, S. 12 (l. Sp.).

ist, während für das Auflassung- und Eintragungsprinzip die tatsächliche Besitzüberlassung gleichgültig ist, war man sich bei der Schaffung des ALR offenbar nicht hinreichend bewusst.[162] Stattdessen wurde ein Mittelweg eingeschlagen, wonach durch die Übergabe das *natürliche* Eigentum erworben wurde, welches durch Eintragung zum *bürgerlichen* Eigentum gesteigert wurde.[163] Der Idee nach war der natürliche Eigentümer materiell-rechtlicher Eigentümer, wobei nur der bürgerliche Eigentümer seine Eigentumsrechte auch Dritten gegenüber geltend machen konnte.[164] Der Umstand, dass es zwei „Eigentümer" geben konnte, wenngleich nur einer von ihnen wahrer Eigentümer war, führte zu Rechtsunsicherheit und Schwankungen in der Praxis, wenn im Kollisionsfall einmal entschieden werden musste, ob für den Eigentumserwerb an Grundstücken die Übergabe oder die Eintragung maßgeblich ist.[165] Es wurde zunächst versucht, eine Eintragungs*pflicht* im Hypothekenbuch zu etablieren,[166] und der Begriff des *guten Glaubens* instrumentalisiert und ausgedehnt.[167] Das fruchtete jedoch nicht, da sich die Bevölkerung gegen diese Bevormundung wehrte,[168] während die juristische Praxis den guten Glauben durch Einzelfallentscheidungen prägte, welche sich insbesondere mit der Auslegung von „Kenntnis", „Wissen", deren Beweismöglichkeiten und dem maßgeblichen Zeitpunkt beschäftigten.[169] Diese Kasuistik trug nicht zur Rechtssicherheit bei. Später ging man allgemein davon aus, dass dem ALR und der Preuß-HypO[170] von 1783 das römisch-rechtliche Traditionsprinzip zugrunde lag und es nicht mehr auf die Eintragung im Hypothekenbuch ankam.[171] Die Eintragung wurde nur

---

162 Motive bei *Werner*, §§ 1–11, S. 12 (r. Sp.); zur Unvereinbarkeit vgl. auch *Bahlmann*, Grundbuchrecht, § 2 GEG, Fn. 11 (S. 23); *Achilles*, Grundeigenthum und Hypothekenrecht, Einleitung (S. 17 f.).
163 Motive bei *Werner*, §§ 1–11, S. 12 (r. Sp.).
164 Motive bei *Werner*, §§ 1–11, S. 12 (r. Sp.).
165 Motive bei *Werner*, §§ 1–11, S. 13 (l. Sp.).
166 Motive bei *Werner*, §§ 1–11, S. 13 (l. Sp.).
167 Motive bei *Werner*, §§ 1–11, S. 14 (r. Sp.).
168 Motive bei *Werner*, §§ 1–11, S. 13 (l. Sp.).
169 Motive bei *Werner*, §§ 1–11, S. 15 (r. Sp.).
170 Hypotheken-Ordnung für die gesammten königlichen Staaten vom 20. Dezember 1783.
171 Motive bei *Werner*, §§ 1–11, S. 13 (r. Sp.).

noch als „historische Nachricht"[172] verstanden und stellte kein Tatbestandsmerkmal der Übereignung mehr dar.[173]

Der Sieg der Traditionstheorie über die Auflassungs- und Eintragungstheorie war jedoch mit praktischen Problemen[174] verbunden, welche wiederum ein öffentliches Register erforderlich machten,[175] so dass eine Reform des Grundstücksrechts durchgeführt wurde, an deren Ende[176] die *Grundbuch-Ordnung*[177] und das *Gesetz über den Eigenthumserwerb und die dingliche Belastung der Grundstücke, Bergwerke und selbstständigen Gerechtigkeiten*[178] jeweils vom 5. Mai 1872 standen. Diese Gesetze basierten nun doch auf dem Auflassungs- und Eintragungsprinzip und bilden die Grundlage[179] für unser heutiges Grundbuchrecht. Nach §§ 1, 2 GEG ist die Auflassung bei gleichzeitiger Anwesenheit von Veräußerer und Erwerber vor dem Grundbuchamt zu erklären, wobei dieses nach § 48 Preuß-GBO die Rechtslage ausführlich zu prüfen hat, bevor es die Auflassungserklärung entgegennehmen darf,[180] damit die Zeitpunkte der Auflassung und der Eintragung des neuen Eigentümers kaum auseinanderfallen. Nunmehr führen nur Auflassung und Eintragung gemeinsam zum Eigentumserwerb (§ 1 GEG).[181] Mit der Einführung eines verlässlichen öffentlichen Eigentumsregisters war auch der Schritt zum redlichen Erwerb von Grundstücken, wenn der nichtberechtigte Veräußerer fälschlich im Grundbuch eingetragen war, nur die

---

172 *Koch*, ALR I, Teil 1 Tit. 10 § 7, Fn. 4.

173 *Koch*, Preuß. Privatrecht I, § 256 (S. 464); zweifellos war eine Eintragung aber sinnvoll, um für alle weiteren Verfügungen dem preußischen Voreintragungsgrundsatz (§ § 55 (II) Preuß-HypO) zu genügen und sich überdies selbst vor rechtswidrigen Handlungen des Eingetragenen Nicht-Eigentümers im Wege des Rechtsscheins zu schützen.

174 Mit dem Bedeutungsverlust der Eigentumseintragung im Hypothekenbuch, fehlte es auch an der für einen Immobiliarkredit benötigten Möglichkeit, die Eigentumsverhältnisse an einem Grundstück jederzeit feststellen zu können, vgl. Motive bei *Werner*, §§ 1–11, S. 14 (l. Sp.).

175 *Bahlmann*, Grundbuchrecht, § 2 GEG, Fn. 11 (S. 24).

176 Genaueres zur Geschichte der preußischen Gesetze vom 5. Mai 1872, siehe *Achilles*, Grundeigenthum und Hypothekenrecht, Einleitung (S. 21 ff.).

177 Im folgenden „Preuß-GBO".

178 Im folgenden „GEG".

179 So *Coing*, Ius Commune 1978 (VII), 160 (165).

180 *Achilles*, Grundeigenthum und Hypothekenrecht, § 48 GBO, Fn. 94 (S. 236).

181 *Achilles*, Grundeigenthum und Hypothekenrecht, § 1 GEG, Fn. 2 (S. 35).

logische Konsequenz. So sah es nunmehr § 9 GEG auch ausdrücklich vor: *„Die Eintragung des Eigenthumsüberganges und deren Folgen können nach den Vorschriften des bürgerlichen Rechts angefochten werden. Es bleiben jedoch die in der Zwischenzeit von dritten Personen gegen Entgelt und im redlichen Glauben an die Richtigkeit des Grundbuchs erworbenen Rechte in kraft […]"*. Dieses in kraft bleibende Recht konnte auch das Eigentum sein.[182] Auf diesem langen Weg entstand in Preußen eine Vorschrift über den redlichen Eigentumserwerb an Grundstücken. Die später mit der CPO in Kraft tretende Vorgängernorm des § 325 Abs. 2 ZPO greift unter anderem genau diese Vorschrift auf und privilegiert hierunter zu subsumierende Sachverhalte.[183]

cc) Veräußerung von Forderungen

Das oben genannte Veräußerungsverbot des Teil 1 Tit. 7 § 48 lit. c) PreußGO beschränkt sich auf körperliche Gegenstände. Dahingegen wird die Abtretung streitbefangener Forderungen[184] – unter Abkehr vom gemeinen Recht – ausdrücklich gestattet (Teil 1 Tit. 11 § 383 ALR). Der Grund dafür liegt in einer nach dem ALR fehlenden Beeinträchtigung des Prozessgegners durch die Veräußerung der *actio litigiosa*.[185] Denn *„durch die Cession einer rechtshängigen Sache wird, weder in Ansehung des Gerichtsstandes, noch der Lage des Prozesses selbst etwas geändert"* (Teil 1 Tit. 11 § 384 ALR) – ebenso wie nach heutigem[186] Recht der ZPO.

---

182 *Bahlmann*, Grundbuchrecht, § 9 GEG, Fn. 52 (S. 46); *Achilles*, Grundeigenthum und Hypothekenrecht, § 9 GEG, Fn. 16 (S. 48).

183 Siehe unten S. 71 ff.

184 Der Wortlaut der Norm spricht etwas ungenau von „Sachen". Tatsächlich können mit der Abtretung aber nur Forderungen übertragen werden, wohingegen es bei Sachen im eigentlichen Sinne der Tradition bedarf, *Koch*, ALR I, Teil 1 Tit. 11 § 376, Fn. 1. Daher ist diese Norm auch nur in diesem Sinne zu verstehen.

185 *Dernburg*, Lehren, I. § 132.

186 § 265 Abs. 2 Satz 1 ZPO: Die Veräußerung oder Abtretung hat auf den Prozess keinen Einfluss.

c) Subjektive Rechtskraft gegenüber Dritten

Von maßgeblicher Bedeutung bleibt die Frage, wie sich ein Urteil gegen den Rechtsnachfolger auswirkt, welcher entgegen dem Veräußerungsverbot oder bei Forderungen ohne ein solches einen streitbefangenen Gegenstand erhält. Dieser Fall wurde allgemein in Teil 1 Tit. 24 § 9 Preuß-GO wie folgt geregelt: „*Wenn jemand einen im Streite befangenen Gegenstand erst nach der Zeit, da dem bisherigen Inhaber die gerichtliche Vorladung zugestellt worden, durch Kauf, Tausch, Cession, Schenkung, oder auf andere Art erhalten hat, so muß er sich demjenigen unterwerfen, was darüber in dem rechtshängigen Prozesse entschieden wird, wenn er auch bey diesem Prozesse nicht zugezogen worden.*“

Und für Grundstücke nochmals speziell in § 44 GEG:

„*Der Antrag auf Zwangsverwaltung und Zwangsversteigerung ist auch dann zulässig, wenn seit der Zustellung der Klage ein Wechsel in der Person des Eigenthümers des Grundstücks eingetreten ist.*“

Beispiel 3: *Der im Prozess obsiegende Rechtsinhaber K hatte gegen B auf*
Variante a): *Herausgabe seines an B verliehenen Gemäldes geklagt. Noch während des Prozesses hatte B das Gemälde an den redlichen D veräußert.*
Variante b): *Zustimmung zur Grundbuchberichtigung geklagt, da dieser fälschlicherweise im Grundbuch als Eigentümer eingetragen war. Noch während des Prozesses hatte B das Grundstück an den redlichen D veräußert, welcher dann auch im Grundbuch als Eigentümer eingetragen wurde.*
Variante c): *Zahlung des Kaufpreises geklagt. Noch während des Prozesses hatte K die Kaufpreisforderung an den redlichen D abgetreten.*

Da nur für einige Sonderfälle ein Ausschluss der Vindikation beweglicher Sachen existiert hat und D das Gemälde im Beispiel 3a) nicht etwa vom Fiskus, im Wege einer öffentlichen Versteigerung, auf Messen, Märkten oder in Läden bestimmter Kaufleute erworben hat (Teil 1 Tit. 15 §§ 42 ff. ALR), wird er insoweit nicht privilegiert. Daher behält K gegen D – trotz Redlichkeit – seinen Vindikationsanspruch (Teil 1 Tit. 15 §§ 1 ff. ALR). Das Eigentum hätte K nach dem Gesetzeswortlaut und in Ermangelung entsprechender Vorschriften (vorbehaltlich Art. 306, 307 ADHGB)[187] ohnehin nicht verlieren können. Das Urteil muss auch der Rechtsnachfolger D gegen sich gelten lassen (Teil 1 Tit. 24 § 9 Preuß-GO).

---

187 Dazu siehe unten S. 53 f.

Problematischer ist das Beispiel 3b) zu beurteilen. Zwar war K ursprünglich Eigentümer des Grundstücks, jedoch hat eine Verfügung über das Eigentum an dem Grundstück durch B stattgefunden. Da der Grundstückserwerb entgeltlich stattfand und D redlich war, bleibt gemäß § 9 GEG diese Zwischenverfügung in Kraft. D ist somit Eigentümer geworden. Gleichwohl differenziert Teil 1 Tit. 24 § 9 Preuß-GO hier nicht und bestimmt, dass D sich dem Urteil unterwerfen muss, das zwischen K und B ergangen ist, da D das streitbefangene Grundstück erst nach Rechtshängigkeit erlangte. Es besteht an der Stelle somit ein Konflikt zwischen dem ALR und der Preuß-GO, und es mangelt an einer konfliktlösenden Norm zur Beantwortung der Frage, welche der beiden Personen den Vorzug erhält: Der durch das ALR privilegierte Erwerber D oder der durch die Preuß-GO privilegierte Kläger K. Das ist die gleiche Situation, wie sie von einer heutzutage vertretenen Ansicht[188] zum Streitstand über die Rechtsfolgen fehlender prozessualer Redlichkeit bei § 325 Abs. 2 ZPO hingenommen wird: Der Dritte erwirbt zwar Eigentum, kann sich darauf aber nicht berufen, wenn „doppelte Gutgläubigkeit" in § 325 Abs. 2 vorausgesetzt wird und der Dritte lediglich materiell-rechtliche Redlichkeit aufweist. Freilich ist der Fall des nicht einschlägigen § 325 Abs. 2 ZPO auch vergleichbar mit der Situation im preußischen Recht. Denn ob es an der Konfliktlösungsnorm fehlt oder ob sie zwar vorhanden, aber nicht einschlägig ist, macht an der Stelle keinen Unterschied. So könnte auch hier im Beispiel 3b) gesagt werden, D erwerbe das Eigentum an dem Grundstück, dürfe sich aber nicht darauf berufen, da er das zwischen K und B ergangene Urteil gegen sich gelten lassen müsse. Der Wortlaut des Teil 1 Tit. 24 § 9 Preuß-GO deutet darauf hin, dass diese Vorschrift nicht den Fall des Erwerbs vom Nichtberechtigten regeln wollte, indem er von einer Veräußerung durch den (Rechts-)*Inhaber* spricht. Jedoch ist das auch nicht verwunderlich, da die Vorschrift um einiges älter ist als § 9 GEG. Tatsächlich existierte zu dem Zeitpunkt überhaupt kein Fall des Erwerbs vom Nichtberechtigten. Auch § 44 GEG hilft an dieser Stelle nicht weiter, da er sich nur mit der Zwangsvollstreckung eines Anspruchs aus einer Hypothek oder Grundschuld beschäftigt.[189] Es ist also durchaus

188 Siehe oben S. 9.

189 Vgl. systematisch auch vorangestellten § 43 GEG: *Der hypothekarische oder Grundschuldgläubiger, dessen Anspruch vollstreckbar geworden, hat das*

denkbar, dass sich im Beispiel 3b) die gleiche Rechtslage ergibt, wie sie soeben dargestellt wurdeund auch heutzutage teilweise vertreten wird: D wäre Eigentümer geworden, könnte sich jedoch nicht darauf berufen. Er müsste das Urteil gegen sich gelten lassen. Obendrein hätte der Beklagte B gegen das Veräußerungsverbot verstoßen und müsste dem K eventuelle Schäden ersetzen (Teil 1 Tit. 7 § 48 Preuß-GO).[190]

Das Beispiel 3c) ist schließlich einfacher zu beurteilen. Zessionar D wird Inhaber der Kaufpreisforderung. Die Abtretung rechtshängiger Forderungen ist ausdrücklich gestattet (Teil 1 Tit. 11 § 384 ALR). Dem Wortlaut nach ist also K angehalten, den Prozess gegen B fortzuführen.[191] In dem Beispiel geht es um eine den Rechtsnachfolger begünstigende Rechtskrafterstreckung, der der Kläger im Prozess obsiegt. Nähme man dagegen an, dass K im Prozess unterläge, etwa weil das Gericht fälschlicherweise den Kaufvertrag für nichtig hält, so müsste auch der Rechtsnachfolger D auf Klägerseite das Urteil gemäß Teil 1 Tit. 24 § 9 Preuß-GO gegen sich gelten lassen.

III. Das französische und das badische Recht

1. Einleitung

Der *Code civil* von 1804 war das erste Zivilgesetzbuch Frankreichs, das in allen Teilen des französischen Staatsgebiets Geltung beanspruchte. Zuvor waren die Provinzen des französischen Reichs hinsichtlich des geltenden Zivilrechts in Länder des geschriebenen Rechts (*pays du droit écrit*) und Länder des Gewohnheitsrechts (*pays du droit coutumier*) eingeteilt, wobei für erstere das römische Recht und für letztere das jeweilige Gewohnheitsrecht germanischen Ursprungs galt; die königlichen Verordnungen

Recht, auf gerichtliche Zwangsvollstreckung und gerichtliche Zwangsversteigerung anzutragen. Haftet die Hypothek oder Grundschuld nur auf einem Antheil des Grundstücks, so kann nur der Antheil zur Zwangsverwaltung und Zwangsversteigerung gestellt werden.

190 Zum gleichen Ergebnis gelangte man, wenn im Beispiel 3a) B Kaufmann wäre und dem D das Gemälde als Kunsthändler in seinen Geschäftsräumen veräußert hätte. Materiell-rechtlich hätte D dann nach Art. 306, 307 ADHGB Eigentum erworben (siehe zum ADHGB unten S. 53 f.).

191 So auch *Koch*, ALR I, Teil 1 Tit. 11 § 383, Fn. 8a.

(*les ordonnances du roi*) hatten allgemeinverbindliche Kraft.[192] Während der Norden Frankreichs vorwiegend vom Gewohnheitsrecht geprägt war, herrschte im Süden eher das geschriebene Recht vor.[193] Trotz des Bedürfnisses und mehrerer Versuche ein allgemeines Zivilgesetzbuch für das französische Staatsgebiet zu schaffen, blieb ein Erfolg zunächst aus.[194] Auf dem Weg zu einem allgemeinen Gesetzbuch entstanden viele einzelne Gesetze, welche schließlich mit Gesetz vom 21. März 1804 zu einem einheitlichen Gesetzbuch zusammengefasst wurden: dem *Code civil des Français*.[195] Durch den Niedergang der französischen Republik und der Entstehung des Kaiserreichs durch die Krönung Napoléons im selben Jahr mussten einige Änderungen am *Code civil* vorgenommen werden, welche sich jedoch eher auf die Wortwahl beschränkten als den Inhalt anzutasten.[196] Im Zuge dessen wurde der *Code civil* auch in *Code Napoléon* umbenannt.[197] Der Name des Gesetzbuchs wechselte noch weitere Male zwischen diesen beiden Titeln.[198] Im Folgenden wird jedoch stets auf den *Code civil* Bezug genommen, gleich ob das Gesetzbuch zu den jeweiligen Zeitpunkten richtigerweise einen anderen Namen trug.

Der *Code civil* bildete auch die Grundlage des *Badischen Landrechts* von 1809/10.[199] Im Großherzogtum Baden war dies die Rechtsquelle des Zivilrechts. Zunächst bestand es aus einer Übersetzung des französischen *Code civils*, dessen Einführung mit Einführungsedikt vom 3. Februar 1809 beschlossen wurde.[200] Sodann erfuhr das Badische Landrecht einige Zusätze und Modifikationen, um sich an die badischen Besonderheiten

---

192 *Platenius*, Badisches Landrecht, § 1 (S. 3); *Zachariä von Lingenthal*, Hdb. franz. CivilR I, § 8 (S. 18).
193 *Crome*, Franz. Privatrecht, § 1 (S. 3).
194 Vgl. zu den Versuchen und den geschichtlichen Hintergründen *Zachariä von Lingenthal*, Hdb. franz. CivilR, § 8–10.
195 *Platenius*, Badisches Landrecht, § 1 (S. 4); *Zachariä von Lingenthal*, Hdb. franz. CivilR I, § 10 (S. 26).
196 *Zachariä von Lingenthal*, Hdb. franz. CivilR I, § 11 (S. 26).
197 *Klein*, Franz. Recht, Einl. Fn. 11; *Platenius*, Badisches Landrecht, § 1 (S. 4); *Zachariä von Lingenthal*, Hdb. franz. CivilR I, § 11 (S. 27).
198 *Klein*, Franz. Recht, Einl. Fn. 11; *Zachariä von Lingenthal*, Hdb. franz. CivilR I, § 12 (S. 27).
199 *Platenius*, Badisches Landrecht, § 1 (S. 4).
200 *Platenius*, Badisches Landrecht, § 1 (S. 2).

anzupassen.[201] Diese Änderungen berühren allerdings das hier zu behandelnde Thema kaum. Tatsächlich sind die Normen, insoweit sie hier von Interesse sind, bezüglich ihres Inhalts und der Nummerierung nahezu identisch, weshalb hier beide Gesetzbücher gleichzeitig behandeln werden können. Soweit sich ein Unterschied zwischen den beiden Rechtsordnungen ergibt, wird gesondert darauf hingewiesen.

2. Veräußerung der streitbefangenen Sache

a) Kaum Veräußerungsverbote

„*Eine Sache gilt für strittig, sobald ein Widerspruch über den Grund der Schuld vor dem Richter liegt*" (Badisches Landrecht von 1809, LRS 1700[202]). Diese Vorschrift fand trotz der in systematischer Hinsicht bedenklichen Platzierung im achten Kapitel „*Von Uebertragung der Forderungen und anderer unkörperlichen Rechte*" nicht nur auf streitbefangene (unkörperliche) Rechte, sondern auf Rechte aller Art, mithin Eigentumsrechte und daher auch auf streitbefangene Sachen Anwendung.[203] Jedoch spielte die Streitbefangenheit eines Gegenstandes für ihre Übertragbarkeit kaum[204] eine Rolle. Insbesondere wurde ein Veräußerungsverbot des streitbefangenen Gegenstandes aus dem römischen Recht[205] im französischen Recht und auch im *Badischen Landrecht* nicht rezipiert.[206] Somit galten, einer

201 *Platenius*, Badisches Landrecht, § 1 (S. 2); *Zachariä von Lingenthal*, Hdb. franz. CivilR I, § 13 (S. 31).

202 Art. 1700 des Code civil von 1804 (im Folgenden abgekürzt „Cc") lautet: *La chose est censée litigieuse dès qu'il y a procès et contestation sur le fond du droit.*

203 *Behaghel*, BLR und CN, § 216 (S. 679); *Brauer*, Erläuterungen CN und BLR III, LRS 1699–1701 (S. 562); *Zachariä von Lingenthal*, Hdb. franz. CivilR II, § 359, Fn. 65 (S. 540).

204 Besonderheiten bestehen etwa im Privileg des Forderungsschuldners bei der Abtretung eines streitbefangenen Anspruchs nach LRS 1699 und im Erwerbsverbot streitbefangener Gegenstände für bestimmte zum Gericht gehörige Personen, bei deren Gericht über den Rechtsstreit zu erkennen ist (LRS 1597); vgl. dazu auch *Stabel*, Franz. Civilrecht, § 152, 2) a. (S. 366); *Zachariä von Lingenthal*, Hdb. franz. CivilR II, § 359 (S. 542 f.).

205 Siehe dazu oben S. 13 ff.

206 *Crome*, Franz. Privatrecht, § 46 (S. 443).

Streitbefangenheit ungeachtet, für Veräußerungen im Geltungsbereich des *Code civils* und des *Badischen Landrechts* die allgemeinen Grundsätze des materiellen Rechts.

b) Der Code civil und das Badische Landrecht

aa) Veräußerung durch den Berechtigten

Im französischen Recht existierte kein Trennungs- und Abstraktionsprinzip, wie es dem *Bürgerlichen Gesetzbuch* bekannt ist. Vielmehr fielen hier der schuldrechtliche und der dingliche Vertrag in einem Vertrag derart zusammen, dass die Verbindlichkeit, Eigentum zu übertragen, bereits zum Eigentumswechsel *kraft Gesetzes*[207] führte (vgl. LRS 711, 1138, 1583, 938[208]).[209]

---

207 *Brauer*, Erläuterungen CN und BLR II, LRS 711 und 712 (S. 6); *Brauer*, Erläuterungen CN und BLR III, LRS 1583 (S. 482); *Platenius*, Badisches Landrecht, § 32 (S. 151); *Zachariä von Lingenthal*, Hdb. franz. CivilR I, § 180 (S. 478); vgl. auch ausdrücklich LRS 1583.

208 **LRS 711:** *Das Eigenthum wird erworben, und auf andere übertragen, durch Vererbung, durch Schenkung unter Lebenden oder von Todeswegen, und durch dir Wirkung übernommener Verbindlichkeiten.* **Art. 711 Cc:** *La propriété des biens s'acquiert et se transmet par succession, par donation entre vifs ou testamentaire, et par l'effet des obligations.* **LRS 1138:** *Die Verbindlichkeit zur Uebergabe einer Sache entsteht aus der bloßen Uebereinkunft der Vertragspersonen. Sie macht den Gläubiger zum Eigenthümer* [...]. **Art. 1138 Cc:** *L'obligation de livrer la chose est parfaite par le seul consentement des parties contractantes. Elle rend le créancier propriétaire* [...]. **LRS 1583:** *Er* [der Kauf] *ist abgeschlossen, und das Eigenthum des Verkäufers geht kraft Gesetzes auf den Käufer über, sobald man über die Sache den Preis einig ist, ohne daß dazu die Uebergabe der Sache oder Zahlung des Kaufschillings vorausgehen muß.* **Art. 1583 Cc:** *Elle* [la vente] *est parfaite entre les parties, et la propriété est acquise de droit à l'acheteur à l'égard du vendeur, dès qu'on est convenu de la chose et du prix, quoique la chose n'ait pas encore été livrée ni le prix payé.* **LRS 938:** *Eine gehörig angenomene Schenkung erhält durch die bloße Einwilligung der Partheien ihre Vollkommenheit, und das Eigenthum des Geschenks geht auf Geschenknehmer über, ohne daß es einer Ueberlieferung bedarf.* **Art. 938 Cc:** *La donation dûment acceptée sera parfaite par le seul consentement des parties ; et la propriété des objets donnés sera transférée au donataire, sans qu'il soit besoin d'autre tradition.*

209 *Mayer*, Badisches Landrecht, § 193 II 1 (S. 274); *Förtsch*, Cc und BGB, Buch 3, vor I. (S. 96); *Barre*, BGB und Cc, § 45 (S. 24) und § 46 (S. 66); *Platenius*, Badisches Landrecht, § 32 (S. 152).

Das schuldrechtliche Geschäft musste nicht durch einen weiteren dinglichen Akt vollzogen werden. Ebenso wenig war eine Übergabe der Sache für den dinglichen Erwerb erforderlich.[210] So konnte das Eigentum an Sachen etwa durch Kaufvertrag übertragen werden (LRS 1583). Da mit dem Eigentumswechsel an der Sache aber noch kein Besitzwechsel stattfand und auf der anderen Seite der Kaufpreis als Gattungsschuld nicht alleine durch Vertrag ohne Konkretisierung übereignet werden konnte,[211] folgte aus dem Kaufvertrag konsequenterweise ferner die Pflicht zur Übergabe der Sache und zur Zahlung des Kaufpreises (LRS 1582[212]).

Auch die Veräußerung von Grundstücken vollzog sich nach diesen Vorschriften,[213] da die Normen nicht zwischen beweglichen und unbeweglichen Sachen unterschieden. Für das Badische Landrecht ergab sich das bereits mittelbar aus der sich mit Grundstücken beschäftigenden Folgenorm LRS 1583a[214], welche zur Wirksamkeit des Eigentums gegenüber Dritten die Eintragung des Erwerbs in das Grundbuch (sog. Transkription) vorsah. Der *Code civil* schwieg sich an dieser Stelle nur deshalb aus, weil er zu Beginn seines Inkrafttretens auf die Publizität der Eigentumsübertragung verzichtete.[215] Diese wurde erst durch das Transkriptionsgesetz vom

---

210 *Brauer*, Erläuterungen CN und BLR III, LRS 1583 (S. 482); *Platenius*, Badisches Landrecht, § 32 (S. 151); *Zachariä von Lingenthal*, Hdb. franz. CivilR I, § 180 (S. 478).

211 Zur „Spezialisierung" bei „Genusgeschäften" vgl. *Zachariä von Lingenthal*, Hdb. franz. CivilR I, § 180, Fn. * (S. 477).

212 **LRS 1582:** *Der Verkauf ist ein Vertrag, wodurch ein Theil sich verbindet, eine Sache zu eigen zu übergeben, und der andere ihren Werth zu bezahlen.* [...]. **Art. 1582 Cc:** *La vente est une convention par laquelle l'un s'oblige à livrer une chose, et l'autre à la payer.* [...].

213 *Barre*, BGB und Cc, § 27 (S. 42); *Zachariä von Lingenthal*, Hdb. franz. CivilR I, § 180 (S. 478 f.); *Mayer*, Badisches Landrecht, § 193 II 2 (S. 274).

214 **LRS 1583a:** *Dessen unerachtet muß der Käufer einer Liegenschaft solchen Kauf nochmals in das Grundbuch eintragen lassen, auch bey marksäßigen Gütern Gewährung darüber nehmen; ehe dieses geschehen ist, kann er in Gerichten solch sein Eigenthum nicht geltend machen, auch keine Pfandverschreibung darauf geben, muß vielmehr alle vom vorigen Eigenthümer darauf noch kommende Pfand-Eintragungen gegen sich gelten lassen.* Keine entsprechende Kodifikation im **Cc.**

215 *Coing*, Ius Commune 1978 (VII), 160 (165).

23. März 1855[216] (wieder)[217] eingeführt.[218] Ab diesem Zeitpunkt verliefen Badisches Landrecht und der in Frankreich geltende *Code civil* parallel, was das Eintragungserfordernis des Eigentumsübergangs für die Rechtswirkung gegenüber Dritten betraf: Durch den Kaufvertrag wurde das Eigentum auf den Käufer übertragen, um die Eigentumsrechte jedoch Dritten gegenüber geltend zu machen, war überdies noch die Eintragung in das Grundbuch erforderlich.[219] Eine Besonderheit galt für das im Rheinland anwendbare französische Recht. Dort beanspruchte das Transkriptionsgesetz keine Geltung. Ein Eigentumsübergang bedurfte keiner Eintragung, um ihn einem Dritten entgegengehalten zu können.[220] Dies wurde als „Fundamentalfehler"[221] bezeichnet, da ohne ein entsprechend geführtes Register nicht mit absoluter Gewissheit der Eigentümer eines Grundstücks bestimmt werden konnte und daher auch eine Hypothek nicht unbedingt eine Garantie für die spätere Rückzahlung eines Darlehens gewährte.[222] Ein Erwerb vom Nichtberechtigten bei Grundstücken existierte nämlich erst mit § 9 GEG und das auch nur im Geltungsbereich des preußischen ALR. Dem *Code civil* – gleich ob rheinländisch oder französisch – war ein solcher unbekannt.[223] Im Rheinland wurde erst später, zu Zeiten des Deutschen Reichs, durch das *Gesetz* über das Grundbuchwesen und die Zwangsvollstreckung in das unbewegliche Vermögen im Geltungsbereich des Rheinischen Rechts vom 12. April 1888[224] der Anwendungsbereich bereits bestehender preußischer Gesetze

---

216 *Loi sur la transcription en matière hypothécaire du 23 mars 1855.*

217 Durch Gesetz vom 1. November 1798 wurde bereits vor Inkrafttreten des *Code civil* die Transkription eingeführt, vgl. hierzu *Coing*, Ius Commune 1978 (VII), 160 (165).

218 *Zachariä von Lingenthal*, Hdb. franz. CivilR I, § 208, Fn. * (S. 581); *Platenius*, Badisches Landrecht, § 32 (S. 157).

219 *Barre*, BGB und Cc, § 27 (S. 42); *Zachariä von Lingenthal*, Hdb. franz. CivilR I, § 180 (S. 478 f.); *Mayer*, Badisches Landrecht, § 193 II 2 (S. 274).

220 *Bessel*, Subhastation rhein. Recht, Theil I, § 99 (S. 91 f.).

221 *Puchelt*, Rhein.-frz. HypothekenR, § 22 (S. 79).

222 *Bauerband*, Rhein.-frz. Civilrecht,§ 335 (S. 266); *Puchelt*, Rhein.-frz. HypothekenR, § 22 (S. 79).

223 Dazu siehe unten S. 48 ff.

224 Gesetz ist abgebildet bei *Höinghaus*, Grundbuchwesen S. 11 ff.

(insbesondere die Gesetze vom 5. Mai 1872 und damit auch des GEG)[225] auf den Geltungsbereich des rheinisch-französischen Rechts erweitert.[226]

Die Forderungszession fügte sich gemeinsam mit den Erwerbungsarten an Sachen in ein stimmiges Gesamtbild. Auch hier waren der eigentliche Rechtserwerb und die Wirksamkeit desselben gegenüber Dritten zu unterscheiden. Der Rechtserwerb war mit der Einigung vollendet,[227] was sich direkt oder analog[228] aus LRS 1138 ergab. Es verblieb lediglich die Pflicht, die Forderung zu übergeben, was durch Übergabe der Rechtsurkunde bewerkstelligt wurde (LRS1689[229]). Diese Übergabe war, wie auch beim Eigentumserwerb an Sachen, keine Bedingung des Rechtsübergangs.[230] Für die Wirksamkeit gegenüber Dritten genügte nicht die bloße Kenntnisnahme des Forderungsschuldners von der Zession, vielmehr war erforderlich, dass er vom Zessionar gehörig unterrichtet wurde oder er die Zession erweislich anerkannt hatte (LRS1690[231]).[232] Jedoch genügte die bloße Kenntnis des

---

225 So ausdrücklich § 1 des Gesetzes vom 12. April 1888.

226 *Mügel*, Rhein. Grundbuchrecht, S. 88 Anm. 1.

227 *Crome*, Franz. Obligationenrecht, § 21 IV (S. 246); *Zachariä von Lingenthal*, Hdb. franz. CivilR I, § 180 (S. 479).

228 Je nachdem, ob von davon ausgegangen wird, dass der gesetzliche Erwerb aufgrund des Kaufvertrags selbst eintritt oder aufgrund der Norm, welche die Wirkung des Kaufvertrags regelt, muss entweder eine direkte oder analoge Anwendung der Norm auf Forderungen angenommen werden, da LRS 1138 auf *Sachen* und *Eigentümer* (bzw. Art. 1138 Cc auf *la chose* und *le propriètaire*) abstellt, *Crome*, Franz. Obligationenrecht, § 21 I (S. 244).

229 **LRS 1689:** *Bey der Uebertragung einer Forderung, eines Rechts oder einer Klage wider dritte Personen, geschieht die Uebergabe von dem Rechts-Geber an den Rechts-Nehmer durch Uebergabe der Rechts-Urkunde.* **Art. 1690 Cc:** *Dans le transport d'une créance, d'un droit ou d'une action sur un tiers, la délivrance s'opère entre le cédant et le cessionnaire par la remise du titre.*

230 *Zachariä von Lingenthal*, Hdb. franz. CivilR II, § 359, Fn. 8 (S. 527).

231 **LRS 1690:** *Den Besitz gegen dritte Personen erlangt der Rechts-Nehmer auch durch feyerliche Bekanntmachung der Geschehenen Uebertragung an den Schuldner, oder durch beweisende Urkunde des Schuldners, welche sagt, daß er die Uebertragung annehme.* **Art. 1690 Cc:** *Le cessionnaire n'est saisi à l'égard des tiers que par la signification du transport faite au débiteur. Néanmoins, le cessionnaire peut être également saisi par l'acceptation du transport faite par le débiteur dans un acte authentique.*

232 *Stabel*, Franz. Civilrecht, § 152, 3) (S. 367); *Behaghel*, BLR und CN, § 216 (S. 676); *Zachariä von Lingenthal*, Hdb. franz. CivilR I, § 180 (S. 479).

Forderungsschuldners, diesem die Möglichkeit einer befreienden Leistung an den Zedenten zu versagen (LRS1691[233]).

bb) Veräußerung durch den Nichtberechtigten

(i) Bewegliche Sachen

Wie beschrieben, ging durch den Vertragsschluss über die *causa* des Rechtsübergangs zugleich auch das Recht kraft Gesetzes vom Veräußerer auf den Erwerber über. Das geschah jedoch auch nur insoweit, als das Recht dem Veräußerer zustand. Denn auch hier galt: Niemand kann ein besseres Recht an einem Gegenstand übertragen, als er selber innehatte (*nemo plus juris in alium transferre potest quam ipse in re habet*). Daraus folgte auch, dass Fehler bei einem Vertragsschluss (zum Beispiel Nötigung, Irrtum, Kenntnis) gegen den Rechtsnachfolger geltend gemacht werden konnten. Hatte der Veräußerer nämlich nur ein anfechtbares Recht inne, so konnte er auch nur ein solches übertragen.[234] Da dogmatisch die Rechtsübertragung mit dem Vertragsschluss *kraft Gesetzes* vollzogen wurde, empfand es der französische Gesetzgeber als sittlich anstößig, fremde Sachen rechtswirksam verkaufen zu können.[235] Konsequenterweise erklärte LRS 1599[236] den Verkauf fremder Sachen für ungültig. Die Norm sprach zwar nur vom Verkauf (bzw. *la vente*), aus Sinn und Zweck der Norm folgt jedoch, dass die Ungültigkeitsfolge auf jede Verfügung fremder Sachen Anwendung fand.[237] Rechte Dritter blieben durch die Verfügung eines Nichtberechtigten also grundsätzlich unberührt.[238]

---

233 **LRS 1691**: *Hat der Schuldner an den Rechts-Geber gezahlt, ehe dieser oder der Rechtsnehmer ihm die geschehene Uebertragung bekannt machte; so ist er rechtmäßig befreyt.* **Art. 1691 Cc**: *Si, avant que le cédant ou le cessionnaire eût signifié le transport au débiteur, celui-ci avait payé le cédant, il sera valablement libéré.*

234 *Zachariä von Lingenthal*, Hdb. franz. CivilR I, § 181 (S. 482).

235 *Brauer*, Erläuterungen CN und BLR III, LRS 1599 (S. 494).

236 **LRS 1599**: *Der Verkauf einer fremden Sache ist ungültig,* [...]. **Art. 1599 Cc**: *La vente de la chose d'autrui est nulle* [...].

237 *Zachariä von Lingenthal*, Hdb. franz. CivilR I, § 181 (S. 482).

238 *Zachariä von Lingenthal*, Hdb. franz. CivilR I, § 181 (S. 480); *Brauer*, Erläuterungen CN und BLR III, LRS 1583 (S. 482).

Eine Ausnahme war für den Fall der Mehrfachveräußerung vorgesehen. Veräußerte A eine bewegliche Sache an B und danach an C, so war A hinsichtlich der letzteren Veräußerung wegen LRS 1138 Nichtberechtigter. Das Eigentum ging grundsätzlich bereits mit Vertragsschluss auf B über. Gleichwohl wurde hier derjenige Eigentümer der Sache, der zuerst den physikalischen Besitz an ihr erlangte und zugleich redlich war (LRS1141[239]).[240] Außerhalb dieses (eigentumsverschaffenden) Ausnahmefalles fand der scheinbar weitreichende Eigentümerschutz vor unberechtigten Veräußerungen bei beweglichen Sachen im anspruchsausschließenden LRS 2279 Abs. 1[241] seine Grenze: *„Bey Fahrnißstücken gilt der Besitz als Rechts-Urkunde“*. Die Norm (wie auch LRS 1141) war für den Schutz des Rechtsverkehrs erforderlich, da wegen LRS 1138 Eigentum in unsichtbarer Weise übertragen werden konnte, also derjenige, der als Eigentümer einer Sache erschien, nicht auch notwendig Eigentümer war. Das Interesse jedes potentiellen Erwerbers einer Sache, dass der Veräußerer, der als Eigentümer auftrat, auch wirklich Eigentümer war, sollte hierdurch geschützt werden:[242] Der Besitz der Sache gewährte nach LRS 2279 Abs. 1 einen eigenen Rechtsgrund; zudem den jüngsten und somit besten, woraus folgte, dass kein Rechtsvorgänger, auch nicht der ursprüngliche Eigentümer, die Sache heraus verlangen konnte, solange kein persönliches Schuldverhältnis aus Vertrag oder Delikt bestand.[243] *Brauer*[244] beschrieb die Wirkung der Norm so: *„Derjenige der Fahrnißstücke besitzt, kann nicht angehalten werden zu sagen,*

---

239 **LS 1141**: *Auf ein Fahrniß-Stück, das man zu geben oder zu liefern zweyen Personen nach einander zusagt, hat derjenige den Vorzug und wird Eigenthümer, der in den wirklichen Besitz der Sache gesetzt ist, wenn schon sein Titel jünger ist, vorausgesezt nur, daß er ein redlicher Besizer sey.* **Art. 1141 Cc**: *Si la chose qu'on s'est obligé de donner ou de livrer à deux personnes successivement est purement mobilière, celle des deux qui en a été mise en possession réelle est préférée et en demeure propriétaire, encore que son titre soit postérieur en date, pourvu toutefois que la possession soit de bonne foi.*

240 *Zachariä von Lingenthal*, Hdb. franz. CivilR I, § 180 (S. 479).

241 **Art. 2279 Cc**: *En fait de meubles, la possession vaut titre* [...].

242 *Platenius*, Badisches Landrecht, § 32 (S. 152).

243 *Zachariä von Lingenthal*, Hdb. franz. CivilR I, § 181 (S. 483); *Brauer*, Erläuterungen CN und BLR IV, LRS 2279 (S. 345); *Platenius*, Badisches Landrecht, § 32 (S. 153).

244 *Brauer*, Erläuterungen CN und BLR IV, LRS 2279 (S. 345).

aus welchem Rechtsgrund er sie besize, ihm genügt auf eine solche Frage die Antwort: ich besize, weil ich besize". Auf Gutgläubigkeit kam es dabei nicht an.[245] Das war Ausfluss des Grundsatzes *Hand muss Hand wahren*: Wo man seinen Glauben gelassen hatte, da musste man ihn suchen.[246] Wurde eine Sache also etwa vom Eigentümer verliehen und der Entleiher veräußerte die Sache widerrechtlich an einen Dritten, so konnte der Eigentümer die Sache vom Dritten nicht heraus verlangen, sondern musste sich an seinen Vertragspartner, hier also den Entleiher halten. Somit schützte LRS 2279 vor den Folgen des Satzes *resoluto iure concedentis resolvitur ius concessum*[247]„ und es konnte dem Besitzer grundsätzlich gleich sein, ob der Eigentümer die Sache nun freiwillig an einen anderen Dritten veräußerte, ob sie ihm abhandengekommen oder ob der Leihvertrag mit ihm unwirksam war.[248] Jedoch machte LRS 2279 Abs. 2[249] für abhandengekommene Sachen eine Ausnahme. Der Besitzer, dem die Sache abhandengekommen war, konnte im Zeitraum von drei Jahren ab Abhandenkommen die Sache von jedem Dritten heraus verlangen. Zu beachten war, dass der Ablauf dieser Dreijahresfrist keine Ersitzung der Sache zur Folge hat, sondern lediglich den Herausgabeanspruch vernichtete. Gegen einen unredlichen Besitzer, also einen Besitzer, der entweder direkt aus Delikt besaß oder Kenntnis davon hatte, dass sein Veräußerer nicht der Eigentümer war, existierte ferner auch

---

245 *Platenius*, Badisches Landrecht, § 32 (S. 154); *Förtsch*, Cc und BGB, Buch 3, vor I. (S. 96).

246 *Brauer*, Erläuterungen CN und BLR IV, LRS 2279 (S. 347); *Platenius*, Badisches Landrecht, § 32 (S. 153); vgl. auch HRG, „Hand wahre Hand". Für weiterführende Erläuterungen zur Entwicklung des Normverständnisses vom Beweiszweck des Besitzes hin zum Erwerbstatbestand vom Nichtberechtigten vgl. *Rodríguez-Rosado*, Redlicher Erwerb, § 2, C., III (S. 79 ff.).

247 *Platenius*, Badisches Landrecht, § 32 (S. 153).

248 *Platenius*, Badisches Landrecht, § 32 (S. 153).

249 **LRS 2279**: [...] *Dennoch kann derjenige, dem eine Sache verloren ging oder entwendet ward, drey Jahre lang, von dem Tag an zu rechnen, da sie weg kam, an jeden, in dessen Händen er sie findet, die Rückgabe verlangen; diesem bleibt der Rückgriff auf denjenigen, von dem er die Sache hat.* **Art. 2279 Cc**: [...] *Néanmoins, celui qui a perdu ou auquel il a été volé une chose peut la revendiquer pendant trois ans à compter du jour de la perte ou du vol, contre celui dans les mains duquel il la trouve ; sauf à celui-ci son recours contre celui duquel il la tient.*

ein deliktsrechtlicher Schadensersatzanspruch (LRS 1382)[250]. Denn jedenfalls seit Inkrafttreten des *Strafgesetzbuchs* (StGB) im Jahre 1872 machte sich dieser unredliche Besitzer als Hehler (§ 259 StGB), Teilnehmer an einer Unterschlagung (§§ 246, 49 StGB) oder Dieb (§ 242 StGB) strafbar. Diese Strafbarkeit führte dann über den Schadensersatzanspruch aus LRS 1382 zu einem Herausgabeanspruch, welcher erst nach 30 Jahren verjährte.[251]

(ii) Grundstücke

Bei Grundstücken wurde der Schutz des Rechtsverkehrs vor dem aus LRS 1138 gegebenenfalls folgenden unzutreffenden Rechtsschein durch die Eintragung des Rechtserwerbs im öffentlichen Grundbuch gewährleistet, soweit ein solches überhaupt existierte,[252] jedoch in wesentlich geringerem Maße, als es bei beweglichen Sachen durch LRS 2279 der Fall war.[253] Zunächst ist festzuhalten, dass die Eintragung keine konstitutive, sondern lediglich deklaratorische Bedeutung hatte. Ursächlich blieb das Erwerbsgeschäft (LRS 1138).[254] Auch vermittelte der Grundbucheintrag keinen Schutz vor der Vindikation des Eigentümers oder vor nichtigen Veräußerungsverträgen, wie es bei LRS 2279 der Fall war.[255] Die Eintragung des Eigentumserwerbs im Grundbuch war gemäß LRS 1583a[256] erforderlich, um sein Eigentum Dritten gegenüber geltend zu machen. Somit war sie auch Voraussetzung

---

250 **LRS 1382**: *Jede unrechte That eines Menschen, welche einen Andern beschädigt, verbindet den Thäter zur Entschädigung.* **Art. 1382 Cc**: *Tout fait quelconque de l'homme, qui cause à autrui un dommage, oblige celui par la faute duquel il est arrivé à le réparer.*

251 *Platenius*, Badisches Landrecht, § 32 (S. 155).

252 Im rheinländischen Recht erst mit Gesetz vom 12. April 1888; siehe oben S. 43.

253 *Platenius*, Badisches Landrecht, § 32 (S. 153 und 157).

254 *Platenius*, Badisches Landrecht, § 32 (S. 158).

255 *Platenius*, Badisches Landrecht, § 32 (S. 159).

256 Im Cc Frankreichs erst ab dem Jahr 1855 mit Art. 3 des Gesetzes vom 23. März 1855 (*sur la transcription en matière hypothécaire*), vgl. *Puchelt*, Hypothekenrecht, Nr. 1 § 4, 2) (S. 9); und im rheinisch-französischen Recht erst mit dem *Gesetz über das Grundbuchwesen und die Zwangsvollstreckung in das unbewegliche Vermögen* vom 12. April 1888 in der Form des preußischen GEG und somit sogar als Tatbestandsmerkmal für den Eigentumserwerbs, siehe oben S. 32 ff. und S. 43.

zur Geltendmachung einer Vindikation oder Eigentumsbelastung.[257] Ferner wurde aus dieser Norm eine Regelung im Falle der Mehrfachveräußerung – ähnlich dem LRS 1141 bei beweglichen Sachen – gelesen, nämlich dass derjenige Erwerber Eigentümer des Grundstücks wurde, der den Erwerb im Grundbuch zuerst hat eintragen lassen.[258] Somit war ein Eigentumserwerb vom Nichtberechtigten an einem Grundstück, außer in der Form des LRS 1583a,[259] im *Badischen Landrecht* und im *Code civil* nicht vorgesehen. Es galt hier strikt der Grundsatz, dass nur die Einigung der Parteien das Eigentum übertrug (LRS 1138) und der Verkauf fremder Sachen ungültig war (LRS 1599). Eine Ersitzung des Grundstücks blieb jedoch unbenommen (LRS 2265[260]), selbst wenn der Rechtsvorgänger einen zur Ersitzung untauglichen Besitz innehatte.[261]

(iii) Forderungen

Auch der Erwerb vom Nichtberechtigten bei Forderungen war im *Badischen Landrecht* und im französischen Recht kein eigenes Rechtsinstitut, sondern Folge der allgemeinen Regel über die Drittwirkung nach LRS 1690, wonach eine bereits vollzogene Abtretung Dritten gegenüber erst wirksam wurde, wenn sie dem Forderungsschuldner „*feyerlich*", das heißt öffentlich durch

---

257 *Behaghel*, BLR und CN, § 89 (S. 259); *Platenius*, Badisches Landrecht, § 32 (S. 159).

258 *Platenius*, Badisches Landrecht, § 32 (S. 159).

259 Ob hier sprachlich überhaupt von einem Erwerb vom Nichtberechtigten gesprochen werden kann erscheint fraglich, da der zweite Erwerber des Grundstücks wegen der fehlenden Drittwirkung des Erwerbs durch den vorangegangenen Erwerber insoweit vom Berechtigten erwirbt. Andererseits hatte materiell-rechtlich der Veräußerer bereits mit der ersten Einigung sein Eigentum nach LRS 1138 ungeachtet der Eintragung verloren.

260 **LRS 2265**: *Wer redlicher Weise und mit gesetzmäßiger Eigenthums-Urkunde ein liegendes Gut erwirbt, ersizt das Eigenthum daran in zehn Jahren, wenn der wahre Eigenthümer unter dem Gerichts-Zwang des Ober-Gerichts wohnt, in dessen Bezirk das unbewegliche Gut gelegen ist, und in zwanzig Jahren, wenn er ausser der Provinz wohnhaft ist.* **Art. 2265 Cc**: *Celui qui acquiert de bonne foi et par juste titre un immeuble en prescrit la propriété par dix ans si le véritable propriétaire habite dans le ressort de la cour d'appel dans l'étendue de laquelle l'immeuble est situé ; et par vingt ans, s'il est domicilié hors dudit ressort.*

261 *Zachariä von Lingenthal*, Hdb. franz. CivilR I, § 181 (S. 483).

eine dafür angestellte Person,[262] bekanntgemacht oder von diesem durch beweisende Urkunde angenommen wurde. War also die Forderung gemäß LRS 1138 dinglich bereits durch Einigung auf den Zessionar übergangen, so hat dies alleine gegenüber Dritten keine Rechtswirkung. Für sie war noch immer der Zedent Forderungsinhaber, weshalb auch seine Gläubiger weiterhin auf die Forderung zugreifen konnten.[263] Somit konnte bei einer Mehrfachabtretung der zweite Zessionar eine Forderung vom für ihn berechtigten Zedenten erhalten, wenn er die Voraussetzungen des LRS 1690 beachtete, obwohl der Anspruch im Verhältnis zwischen Zedent und erstem Zessionar bereits auf letzteren übergegangen war.[264] Mit Redlichkeit hatte die absolute Wirkung der Zession nichts zu tun, weshalb sie auch nicht Voraussetzung für den Forderungserwerb des zweiten Zessionars war. Ebenso wenig änderte eine vorangegangene Übergabe der Rechtsurkunde an den ersten Zessionar etwas, wenn dieser LRS 1690 nicht beachtet hatte.[265] Es blieb somit nur an der aufgestellten Regel des LRS 1690 festzuhalten, dass derjenige Forderungsinhaber mit absoluter Wirkung wurde, der die Abtretung (zuerst) dem Schuldner gemäß LRS 1690 anzeigte.[266]

c) Subjekte Rechtskraft gegenüber Dritten

Wenngleich materiell-rechtlich das Badische Landrecht und der Code civil nahezu identisch waren, so galt das nicht für deren Prozessrechte. Während in den Gebieten unter dem Geltungsbereich des Code civils der *Code de procédure civil* von 1806 galt, unterstand das Badische Landrecht der *Prozeß-Ordnung in Bürgerlichen Rechtsstreitigkeiten für das Großherzogthum Baden* von 1864. Das Prozessrecht des 19. Jahrhunderts ist zu einzelnen Rechtsfragen sehr schlecht erforscht. Während sowohl Art. 1351 Cc als auch LRS 1351 die *Voraussetzungen* der Rechtskraft

262 *Brauer*, Erläuterungen CN und BLR IV, LRS 1690 (S. 558).
263 *Behaghel*, BLR und CN, § 216 (S. 676 f.).
264 *Zachariä von Lingenthal*, Hdb. franz. CivilR II, § 359 (S. 529).
265 *Lauckhard*, Rechtsfälle, LXIV (S. 405); *Zachariä von Lingenthal*, Hdb. franz. CivilR II, § 359, Fn. 16 (S. 529).
266 *Lauckhard*, Rechtsfälle, LXIV (S. 405).

beschrieben,[267] gaben diese Normen keine Auskunft zu ihrem *Umfang*.[268] Die badische Prozessordnung bestand aus 1181 Paragrafen, welche jedoch offenbar kein abschließendes Regelungswerk darstellten, da der Fall der subjektiven Rechtskraftwirkung im Falle der Veräußerung eines streitbefangenen Gegenstandes an keiner Stelle aufgegriffen wurde. Mangels einschlägigen Partikularprozessrechts könnte hier auf das gemeine Prozessrecht als subsidiäres „Auffangrecht" zurückzugreifen gewesen sein. Jedenfalls praktizierte das Reichsgericht einen solchen Rückgriff noch in seiner *Bismarck*-Entscheidung von 1899.[269] Dementsprechend gilt insoweit das an anderer Stelle[270] dazu bereits Gesagte.

Das hieße für das Beispiel 3a)[271] zunächst, dass D grundsätzlich[272] kein Eigentum an dem Gemälde erlangt hätte. Jedoch ist dem Eigentümer K das Gemälde nicht abhandengekommen und somit könnte D dem K LRS 2279 entgegenhalten, wenn sich dieser auf sein Eigentum beruft. Schließlich hat K seinen Glauben bei B gelassen und muss sich nunmehr nach dem Grundsatz *Hand wahre Hand* auch an diesen wenden. Jedoch konnte nach der Praxis des gemeinen Prozessrechts ein Urteil auch gegen den Rechtsnachfolger

---

267 **LRS 1351**: *Die Wirkung einer rechtskräftigen Entscheidung erstreckt sich nur auf das, was Gegenstand des Streits war. Um sich auf solche beziehen zu können, muß der Gegenstand der Klage überall derselbe seyn, die Klage auf demselben Grunde beruhen, der Prozeß unter denselben Parthien geführt werden, auch für und wider sie in gleicher Eigenschaft statt haben.* **Art. 1351** Cc: *L'autorité de la chose jugée n'a lieu qu'à l'égard de ce qui a fait l'objet du jugement. Il faut que la chose demandée soit la même ; que la demande soit fondée sur la même cause ; que la demande soit entre les mêmes parties, et formée par elles et contre elles en la même qualité.*

268 *Gaupp*, CPO, § 293 II. (S. 595); *Zachariä von Lingenthal*, Hdb. franz. CivilR IV, § 770 Fn. 6 (S. 596).

269 RGZ 45, 170 (173); auch *Brauer* hält hier das gemeine Prozessrecht für subsidiär anwendbar, Erläuterungen CN und BLR V, §§ 1049–1055 (S. 402).

270 Siehe oben S. 24 ff.

271 Siehe oben S. 36.

272 Zum ADHGB siehe unten S. 53 f. Eine Ausnahme würde gelten, wenn im Beispiel 3a) B Kaufmann wäre und dem D das Gemälde in den Geschäftsräumen seines Kunsthandels veräußert hätte. Dann hätte D nach Art. 306, 307 ADHGB Eigentum erworben. Das ändert jedoch an der prozessualen Beurteilung hinsichtlich der subjektiven Rechtskraft nichts; vgl. dazu auch schon oben S. 25.

vollstreckt werden, da D das Gemälde mitsamt der „Rechtshängigkeitsbelastung“ erwarb. Folglich müsste das Urteil auch gegen D vollstreckbar gewesen sein und das obwohl er eigentlich durch LRS 2279 geschützt gewesen sein müsste. Freilich ist bei der Anwendung des gemeinen Rechts hier Vorsicht geboten, da dieses den Grundsatz *Hand wahre Hand* nicht kennt. Gleichwohl ist auch dieses scheinbar unbefriedigende Ergebnis nicht mehr allzu kurios, ist es doch bereits aus zwei anderen Konstellationen bekannt: Auch beim heutigen Streitstand zu den Rechtsfolgen des § 325 Abs. 2 ZPO bei lediglich materiell-rechtlicher Redlichkeit wie auch beim preußischen Recht im Rahmen des in Beispiel 3b)[273] erörterten Normenkonflikts wird der Dritte materiell-rechtlich privilegiert, hat jedoch prozessrechtlich das Nachsehen. Insoweit wäre es nur konsequent, das gemeine Prozessrecht auch an dieser Stelle im Geltungsbereich des Badischen Landrechts stringent anzuwenden. Während in der gemein-rechtlichen Praxis die Urteilsvollstreckung gegen den Rechtsnachfolger Anerkennung gefunden hatte,[274] war dies in der französischen Praxis offenbar kontrovers geblieben.[275] *Schmitt* berichtet hier[276], dass „das Urteil gegen den dritten Erwerber nur unter der Voraussetzung, daß er wirklich Kenntniß von der Litigiosität der Sache hatte“ wirke, wobei dieser Grundsatz namentlich in Frankreich und der Pfalz umstritten gewesen sei.[277]

---

273 Siehe oben S. 36.

274 Siehe oben S. 24 ff.; auch im preußischen Recht, siehe S. 36 ff.

275 *Struckmann/Koch*, CPO dt. Reich, § 236, 3) (S. 194); *Schmitt*, Bayerische CPO I, § 253 II 2 a) (S. 696).

276 *Schmitt*, Bayerische CPO I, § 253 II 2 a) (S. 696).

277 Nach dem heute geltenden französischen Recht bleibt die Wirkung eines Urteils grundsätzlich auf die Parteien beschränkt. Ein Rechtsnachfolger einer Partei (*ayant cause*) kann jedoch ebenfalls von der Rechtskraft betroffen sein, wenn er zusammen mit einer der Parteien am Prozessgegenstand ein gemeinsames Interesse teilt. Insoweit wird fingiert, dass die Partei, welche Rechtsvorgänger des Dritten ist, diesen im Prozess *repräsentiert* hat; somit gilt auch der Dritte als Partei im Sinne des Art. 1351 Cc. Wobei hier im Einzelnen noch streitig ist, ab welchem Zeitpunkt von einer solchen Fiktion ausgegangen wird, so dass es auch maßgeblich darauf ankommt, wann die Rechtsnachfolge stattgefunden hat. Vgl. hierzu *Otto*, Subjektive Grenzen, S. 247 ff.; *Schweickert*, Französische Zivilurteile, S. 43 ff., 92 ff.

IV. Sonderfall: Handelsrecht

Ferner sei auf besonderen Normen aus dem Handelsrecht hingewiesen. Vor dem Inkrafttreten des *Allgemeinen Deutschen Handelsgesetzbuchs* (ADHGB) im Jahre 1861 entwickelte sich das Handelsrecht aus Stadtrechten und Handelsbräuchen des Spätmittelalters. Es wies bereits im 18. Jahrhundert eine fortgeschrittene Systematik auf, welche sich etwa auch in der Kodifikation[278] des preußischen Handelsrechts wiederspiegelte.[279] Das ADHGB entstand zeitlich vor dem preußischen GEG im Jahre 1872 und enthielt in Art. 306 ADHGB[280] somit bereits vorher eine Regelung über den Redlichkeitserwerb vom Nichtberechtigten. Dieser wird regelmäßig zusammen mit dem, den Anwendungsbereich erweiternden Art. 307 ADHGB[281] zitiert. Da es sich bei dem Regelungswerk um Bundesrecht handelte, fand es freilich auch unter dem Regime eines jeweiligen Partikularrechts Anwendung, selbst wenn diesem an sich ein Redlichkeitserwerb unbekannt war. Es begünstigt den redlichen Erwerber einer beweglichen Sache, welcher sie von einem Kaufmann in dessen Handelsbetrieb veräußert und übergeben

---

278 Teil 2 Tit. 8 §§ 475 ff. ALR.

279 MüKo-HGB/*Schmidt*, Vorb. § 1, Rn. 20.

280 **Art. 306 ADHGB:**
(1) *Wenn Waaren oder andere bewegliche Sachen von einem Kaufmann in dessen Handelbetriebe veräußert und übergaben worden sind, so erlangt der redliche Erwerber das Eigenthum, auch wenn der Veräußerer nicht Eigenthümer war. Das früher Begründete Eigenthum erlischt. Jedes früher begründete Pfandrecht oder sonstige bürgerliche Recht erlischt, wenn dasselbe dem Erwerber bei der Veräußerung unbekannt war.*
(2) *Sind Waaren oder andere bewegliche Sachen von einem Kaufmann in dessen Handelsbetriebe verpfändet und übergeben worden, so kann ein früher begründetes Eigenthum, Pfandrecht oder sonstiges dingliches Recht an den Gegenständen zum Nachtheil des redlichen Pfandnehmers oder dessen Rechtsnachfolger nicht geltend gemacht werden.*
(3) *Das gesetzliche Pfandrecht des Kommissionairs, Spediteurs und Frachtführers steht einem durch Vertrag erworbenen Pfandrecht gleich.*
(4) *Dieser Artikel findet keine Anwendung, wenn die Gegenstände gestohlen oder verloren waren.*

281 **Art. 307 ADHGB:** *Die Bestimmungen des vorigen Artikels finden bei Papieren auf Inhaber auch dann Anwendung, wenn die Veräußerung oder Verpfändung nicht von einem Kaufmann in dessen Handelbetriebe geschehen ist, und wenn die Papiere gestohlen oder verloren waren.*

erhält. Außerdem erlöschen bei Redlichkeit des Erwerbers sonstige Rechte an der Sache. Diese Begünstigung des redlichen Erwerbers, Eigentum auch vom Nichtberechtigten erwerben zu können, findet jedoch bei gestohlenen Sachen keine Anwendung.

Die in diesem Kapitel jeweils dargestellten prozessrechtlichen Folgen blieben von den materiell-rechtlichen Bestimmungen des ADHGB unberührt.[282]

282 Vgl. zur Anwendung des ADHGB in den einzelnen Partikularrechtsordnungen die Anmerkungen in den Fußnoten 113, 190 und 272.

D. Genese des § 325 Abs. 2 ZPO

Die im letzten Kapitel dargestellten Partikularrechtssysteme waren sowohl in materiell-rechtlicher als auch in prozessualer Hinsicht sehr unterschiedlich. Das schaffte über die Zeit hinweg Unmut in der Bevölkerung. In der Mitte des 19. Jahrhunderts kam zunächst[283] das Verlangen nach einer einheitlichen Prozessordnung auf. Generelle Beweggründe waren das Verlangen nach nationaler Einheit, eines deren Merkmale eine einheitliche Gesetzgebung ist[284] und die Vereinfachung des Rechtsverkehrs.[285]

So begannen umfängliche Arbeiten (dazu sogleich), an deren Ende die Civilprozessordnung vom 30. Januar 1877 (CPO) stand. Sie gestattete nun in § 236 Abs. 1 CPO[286] ausdrücklich, einen streitbefangenen Gegenstand zu veräußern. In seinem Absatz 3 fand sich auch sogleich die Antwort auf die Frage, welchen Wert das Urteil gegen den Rechtsvorgänger hat, wenn doch das Recht an der streitbefangenen Sache bereits auf eine dritte Person übertragen wurde: „*Die Entscheidung ist in Ansehung der Sache selbst auch gegen den Rechtsnachfolger wirksam und vollstreckbar.*" Eine Ausnahme galt gemäß § 238 CPO[287] jedoch unter anderem für den Fall, dass „*Vorschriften*

283 Später sollte ein einheitliches bürgerliches Gesetzbuch, das BGB, folgen.

284 *Hellweg*, AcP 61 (1878), 78; *Rinteln*, Civilproceß, Anhang § 11 (S. 823).

285 *Rinteln*, Civilproceß, Anhang § 11 (S. 823).

286 § **236** CPO: *Die Rechtshängigkeit schließt das Recht der einen oder der andern Partei nicht aus, die in Streit befangene Sache zu veräußern oder den geltend gemachten Anspruch zu zediren. Die Veräußerung oder Zession hat auf den Prozess keinen Einfluß. Der Rechtsnachfolger ist nicht berechtigt, ohne Zustimmung des Gegners den Prozeß als Hauptpartei an Stelle des Rechtsvorgängers zu übernehmen oder eine Hauptintervention zu erheben. Tritt der Rechtsnachfolger als Nebenintervenient auf, so findet der § 66 keine Anwendung. Die Entscheidung ist in Ansehung der Sache selbst auch gegen den Rechtsnachfolger wirksam und vollstreckbar.*

287 § **238** CPO: *Die Bestimmungen des § 236 Absatz 3 und des § 237 kommen insoweit nicht zur Anwendung, als ihnen Vorschriften des bürgerlichen Rechts über den Erwerb beweglicher Sachen, über den Erwerb auf Grund des Grund- oder Hypothekenbuchs und über den Erwerb in gutem Glauben entgegenstehen. In einem solchen Falle kann der Kläger, welcher veräußert oder zedirt hat, der Einwand der nunmehr mangelnden Sachlegitimation entgegengesetzt werden.*

des bürgerlichen Rechts über den Erwerb in gutem Glauben entgegenstehen." Hier schimmern bereits deutlich die heutigen §§ 265, 325 ZPO in anderer Zusammensetzung durch. Um die Entstehung[288] und insbesondere den Inhalt der §§ 236, 238 CPO nachvollziehen zu können, ist ein Blick auf den Entwicklungsvorgang zu werfen. Den hier zu untersuchenden Normen gingen nämlich mehrere Norm-Entwürfe voraus, deren Motive zum Teil entscheidend zur Auslegung des heutigen § 325 Abs. 2 ZPO beitragen.

I. Deutscher Bund (1815–1866)

Der aus dem römischen und kanonischen Recht in Verbindung mit der Reichsgesetzgebung sowie dem Gewohnheitsrecht hervorgegangene gemeine deutsche Prozess genügte – wie auch weiter oben[289] bereits beschrieben – den allgemeinen Bedürfnissen nicht.[290] Zur Erlangung einer allgemeinen Zivilprozessordnung sprach sich die Mehrheit der Bundesstaaten dafür aus, eine Bundeskommission bestehend aus ausgewählten Fachjuristen der jeweiligen Regierungen zu bilden, während die Minderheit (Preußen) sich dagegen aussprach und eine unmittelbare Vereinbarung der teilnehmenden Regierungen bevorzugte.[291]

Zu dieser Zeit wurde die hannoversche *Allgemeine bürgerliche Proceßordnung* vom 8. November 1850 als besonders gelungen angesehen, da sie die Gewohnheitsrechte und Ansichten des deutschen Volkes hinreichend berücksichtigte, indem sie sich nicht zu sehr den französischen Einflüssen unterwarf und überdies nicht nur das Mündlichkeitsprinzip postulierte, sondern dieses auch mit „größter Reinheit und Konsequenz"[292] durchführte.[293] Es bot sich daher an, diese bereits bewährte hannoversche Prozessordung als Grundlage für die noch zu bestimmende Kommission zur Ausarbeitung einer allgemeinen Prozessordnung zu wählen (wie es dann

288 Eine Zeittafel zur Entstehung der ZPO findet sich auch bei *Schubert*, Gerichtsverfassung, Chronologische Übersichten II (S. 13).
289 Siehe oben S. 28 ff.
290 *Hellweg*, AcP 61 (1878), 78 (80).
291 *Hellweg*, AcP 61 (1878), 78 (84).
292 Zitiert nach *Hellweg*, AcP 61 (1878), 78 (87).
293 *Hellweg*, AcP 61 (1878), 78 (87).

auch geschah)[294], sowie auch Hannover als ihren Sitz zu wählen, um die dortige Prozessordnung zu erleben und auch mehr darüber zu erfahren.[295] Während das Königreich Preußen, welches bereits selbst eine eigene Kommission zur Ausarbeitung einer Prozessordnung eingesetzt hatte, sich noch immer gegen das gewählte Verfahren aussprach, wurde das Zusammentreten der im Einzelnen noch zu bildenden Kommission in Hannover für den 15. September 1862 anberaumt.[296] Vier Jahre später vollendete die Kommission den *Entwurf einer allgemeinen Civilproceßordnung für die deutschen Bundesstaaten* (sog. „hannoverscher Entwurf“[297]). Jedoch hatte bald darauf im selben Jahr der Deutsche Bund durch die Erklärung und den Austritt Preußens aufgehört zu existieren.[298] Es verblieb somit nur die Hoffnung und der Wunsch, dass dieser hannoversche Entwurf wenigstens die Grundlage späterer Gesetzesbemühungen werde.[299] Inhaltlich regelte der hannoversche Entwurf zu diesem Zeitpunkt zwar in § 236 CPO-HE die Wirkungen der Rechtshängigkeit, traf jedoch keine Aussage zu den zivilrechtlichen Wirkungen. Ein dahin gerichteter Antrag, diese Wirkungen ebenfalls in § 236 CPO-HE aufzunehmen, wurde abgelehnt.[300] Unterdessen hatte Preußen eigene Bemühungen unternommen, eine allgemeine Zivilprozessordnung zu schaffen, welche ihrerseits bereits im Jahre 1864, unter dem Namen *Entwurf einer Proceß-Ordnung in bürgerlichen Rechtsstreitigkeiten für den Preußischen Staat* in Berlin erschienen war, aber im Gegensatz zum hannoverschen Entwurf auf der Grundlage des rheinisch-französischen Rechts entworfen wurde (sog. „preußischer Entwurf“[301]).[302] Er traf in § 227 Nr. 3 CPO-PE eine Regelung, die sich mit der Veräußerung streitbefangener Gegenstände beschäftigte, sich jedoch inhaltlich von späteren Regelungen unterschied:

---

294 *Hellweg*, AcP 61 (1878), 78 (91).
295 *Hellweg*, AcP 61 (1878), 78 (87).
296 *Hellweg*, AcP 61 (1878), 78 (89).
297 Das Regelungswerk wird im Folgenden „CPO-HE“ genannt.
298 *Hellweg*, AcP 61 (1878), 78 (96 f.).
299 So der Wunsch des Ehrenpräsidenten und früheren Referenten der Kommission Dr. Leonhardt, *Hellweg*, AcP 61 (1878), 78 (99).
300 *Winter*, Hannoverscher und Preußischer Entwurf, S. 97.
301 Das Regelungswerk wird im Folgenden „CPO-PE“ genannt.
302 *Hellweg*, AcP 61 (1878), 78 (102).

„Die Rechtshängigkeit hat folgende Wirkungen: [...]

3. Wenn der Kläger obsiegt, so wird jede rechtliche Verfügung, welche der Beklagte nach Zustellung der Klage über den streitigen Gegenstand getroffen hat rücksichtlich des Klägers einer solchen gleichgeachtet, welche erst nach dem Siege des Klägers vorgenommen wird. Gegen den Dritten, zu dessen Gunsten die Verfügung getroffen wurde, ist anzunehmen, daß dem Kläger die rechtskräftig zuerkannten Rechte schon zur Zeit der Zustellung der Klage zuerkannt gewesen seien. Die Kenntnis des Dritten von der Rechtshängigkeit der Sache hat die selben rechtlichen Folgen, als wenn dem Dritten die dem Kläger später zuerkannten Rechte bereits bekannt gewesen wären.“

Diese Regelung erfasst dem Wortlaut nach lediglich eine Veräußerung des streitbefangenen Gegenstandes durch den Beklagten. Ferner äußert sich die Norm nicht zur Frage der subjektiven Rechtskraft. Sie liefert drei Fiktionen mit Auswirkungen auf das materielle Recht. Im Beispiel 1[303] hätte diese Regelung folgende Auswirkungen: Mit Obsiegen des K ist die Verfügung des B an D wie eine Verfügung nach Rechtskraft des Urteils zu behandeln (§ 227 Nr. 3 Satz 1 CPO-PE). Wenngleich B vor Erlass des Urteils Eigentümer des Gemäldes und somit verfügungsbefugt war, so würde K ab Rechtskraft des Urteils rückwirkend bis zum Zeitpunkt der Rechtshängigkeit der Klage als Eigentümer gelten (§ 227 Nr. 3 Satz 2 CPO-PE). Somit hätte B als Nichtberechtigter über das Gemälde verfügt. D hätte daher nach den hier erörterten Partikularrechten kein Eigentum am Gemälde erlangt. Zu einem anderen Ergebnis käme man natürlich, wenn B Kaufmann wäre und dem D das Gemälde in den Geschäftsräumen seines Kunsthandels veräußert hätte. Dann hätte der Dritte D vom Beklagten B Eigentum nach Art. 306 ADHGB erworben, wenn er den B für den Eigentümer hielt. Da D auch nichts von dem Rechtsstreit wusste, entfiele seine Redlichkeit auch nicht nach § 227 Nr. 3 Satz 3 CPO-PE.

Der preußische Justizminister forderte nach Veröffentlichung des Entwurfs zur gutachterlichen Stellungnahme auf, woraufhin sich bis 1866 sechzig Gerichte dazu äußerten und sich überwiegend gegen die Einführung des preußischen Entwurfs als allgemeine Prozessordnung aussprachen.

303 Siehe oben S. 4.

II. Norddeutscher Bund (1866–1871)

Nach der Gründung des Norddeutschen Bundes stellte Preußen 1867 den Antrag zur Einsetzung einer Kommission zur Ausarbeitung eines Entwurfs einer *Proceß-ordnung in bürgerlichen Rechtsstreitigkeiten für die Staaten des Norddeutschen Bundes*, welche sodann noch im selben Jahr mit ihrer Arbeit begann.[304] Grundlage dieser Prozessordnung sollte auf Empfehlung des Bundesrats der preußische Entwurf unter angemessener Beachtung des hannoverschen Entwurfs sein, was jedoch durch frühen Antrag eines Kommissionsmitglieds und Annahme durch die Kommission gerade ins Gegenteil verkehrt wurde: Grundlage sollte fortan der hannoversche Entwurf unter Berücksichtigung des preußischen Entwurfs sein.[305] Die Kommission legte schließlich 1870 dem Bundesrat den *Entwurf einer Civilproceßordnung für den Norddeutschen Bund* vor, welcher sodann auch in Berlin im Druck für die Öffentlichkeit erschien (sog. „norddeutscher Entwurf“[306]).[307]

Hier findet sich in § 200 Abs. 1 und 2 CPO-NDE eine dem heutigen § 265 Abs. 1 und 2 ZPO ähnliche Regelung, sowie schließlich in Absatz 3 eine Regelung hinsichtlich der Rechtskrafterstreckung des Urteils auf den Rechtsnachfolger:

> *„(1) Die Rechtshängigkeit schließt das Recht der einen oder der anderen Partei nicht aus, die in Streit befangene Sache zu veräußern oder den geltend gemachten Anspruch zu cediren.*
> *(2) Die Veräußerung oder Cession hat auf den Prozeß keinen Einfluß. Der Rechtsnachfolger ist insbesondere nicht berechtigt, ohne Zustimmung des Gegners den Prozeß als Hauptpartei an Stelle des Rechtsvorgängers zu übernehmen oder eine Hauptintervention zu ergeben (§. 96.). Tritt er als Nebenintervenient auf, so findet der §. 103. keine Anwendung.*
> *(3) Die Entscheidung, welche in der Hauptsache ergeht, ist auch gegen den Rechtsnachfolger wirksam und vollstreckbar.“*

Ferner wurde in § 202 CPO-NDE auch die Redlichkeit des Dritten berücksichtigt:

304 *Hellweg*, AcP 61 (1878), 78 (105).
305 *Hellweg*, AcP 61 (1878), 78 (107).
306 Das Regelungswerk wird im Folgenden „CPO-NDE“ genannt.
307 *Hellweg*, AcP 61 (1878), 78 (108).

„Die Bestimmungen des §. 200 Abs. 3 *und des §. 201. kommen insoweit nicht zur Anwendung, als ihnen die Vorschriften des bürgerlichen Rechts entgegenstehen, welche den Erwerb beweglicher Sachen und den Erwerb auf Grund des Hypothekenbuchs oder in gutem Glauben betreffen. In einem solchen Falle kann dem Kläger, wenn dieser veräußert oder cediert hat, der Einwand der nunmehr mangelnden Sachlegitimation entgegengesetzt werden."*

Darüber, dass die Streitbefangenheit eines Gegenstandes nicht auch zu einem Veräußerungsverbot nach dem Vorbild des römischen Rechts führen sollte, war man sich schnell einig (vgl. § 200 Abs. 1 CPO-NDE).[308] Doch gerade daraus folgten Probleme, die es ebenfalls zu lösen galt, wie etwa die prozessuale Behandlung einer tatsächlich erfolgten Veräußerung. Dieser Sitzung lagen zwei Anträge über die Fassung einer entsprechenden Norm vor,[309] wobei dem ersteren (§ 3 der Anlage A) sichtlich die Idee des § 227

308 Vgl. Nordd. Prot. II, S. 563.

309 **§ 3 der Anlage A. zum Protokoll der 95. Sitzung:**
(1) *Der Kläger ist durch die Rechtshängigkeit nicht verhindert, den eingeklagten Anspruch einem Dritten abzutreten. Setzt der Rechtsnachfolger den Prozeß fort, so tritt er an die Stelle des ursprünglichen Klägers, ohne daß dieser letztere von der Verpflichtung befreit wird, dem Beklagten die demnächst erstrittenen Prozeßkosten zu ersetzen.*
(2) *Ebensowenig ist der Beklagte durch die Rechtshängigkeit verhindert über den streitigen Gegenstand zu verfügen. Jedoch bleibt es dem Kläger unbenommen, in den geeigneten Fällen Sicherheitsmaßregeln zu beantragen.*
(3) *Wenn der Kläger obsiegt, so wird jede Verfügung des Beklagten über den Streitgegenstand so angesehen, als wäre sie erst nach dem Siege des Klägers vorgenommen. Gegen den Dritten, zu dessen Gunsten die Verfügung getroffen wurde, ist anzunehmen, daß dem Kläger das zuerkannte Recht schon zur Zeit der Klagezustellung zuerkannt gewesen sei. Die Kenntniß des Dritten von der Rechtshängigkeit hat dieselben rechtlichen Folgen, als wenn ihm das dem Kläger später zuerkannte Recht bereits bekannt gewesen wäre.*
(4) *Die Vorschrift des vorherigen Absatzes tritt nicht ein, wenn und soweit die Bestimmungen des Immobiliarsachenrechts eine Anfechtung des vom Dritten erworbenen Rechts ausschließen.*
§ (a) **Anlage B. zum Protokoll der 95. Sitzung:**
(1) *Das Verbot der Veräußerung im Streite befangener Forderungen und Ansprüche ist aufgehoben.*
(2) *Der neue Erwerber ist berechtigt und der Gegenpartei gegenüber auf deren Verlangen verpflichtet, den Rechtsstreit in der Lage zu übernehmen, in welcher er sich zur Zeit der Veräußerung befindet. Der Gegenpartei*

Nr. 3 CPO-PE zugrunde lag. Nach beiden Anträgen sollte dem Rechtsnachfolger des veräußernden Klägers das Recht zustehen, den Rechtsstreit selbst anstelle des bisherigen Klägers fortzuführen. Ein Teil der Kommission sprach sich gegen diese Anträge und dafür aus, hinsichtlich der *actio litigiosa* bei dem Regelungsgehalt des preußischen Rechts zu verbleiben: „*Auch die Abtretung schon rechtshängiger Sachen ist erlaubt. Durch die Cession einer rechtshängigen Sache wird, weder in Ansehung des Gerichtsstandes, noch der Lage des Prozesses selbst etwas geändert*" (Teil 1 Tit. 11 §§ 383, 384 ALR). Sie befürworteten eine Regelung, dass die Zession auf den Prozess keinen Einfluss habe, der Zessionar nicht befugt sei, ohne Zustimmung des Beklagten als Hauptpartei in den Prozess einzutreten und die Entscheidung in der Hauptsache auch gegen den Rechtsnachfolger wirksam bleibe.[310]

Auf der anderen Seite hatte man aber an die Gebiete gedacht, in welchen Grund- und Hypothekenbücher existierten und infolgedessen befand dieser Teil der Kommission, dass derjenige, welcher ein dort eingetragenes Recht in gutem Glauben erworben hatte, zu schützen sei.[311] Da das bürgerliche Recht aber stets nicht nur den guten Glauben an die öffentlichen Register, sondern auch unabhängig davon ganz oder wenigstens teilweise schützte (zum Beispiel durch Erstattung des dafür Geleisteten; vgl. Teil 1, Tit. 15, §§ 24 ff. ALR; Art. 1141 Cc; LRS 1141; D. 41.3.13[312]), gleich ob es sich um Grundstücke oder bewegliche Sachen handelte, folgerte dieser Teil der Kommission, dass sich der Schutz des gutgläubig erwerbenden Dritten auch auf alle anderen Fälle erstrecken solle.[313] Somit sprach man sich gegen § 3 der Anlage A aus, welcher lediglich auf den gutgläubigen Erwerb von Immobilien abzielte (vgl. § 3 Abs. 3 und 4 der Anlage A).

Der andere Teil der Kommission hingegen argumentierte, dass es abgesehen von der Kostenpflicht keinen Grund gebe, die veräußernde Partei, welche

---

steht das Recht zu, wegen drohender oder stattgehabter Veräußerung, insofern ihr dadurch die Rechtsverfolgung oder Vollstreckung erschwert wird, Sicherheitsmaßregeln zu erwirken.

310 Nordd. Prot. II, S. 563.

311 Nordd. Prot. II, S. 563.

312 „*Wer von einem Wahnsinnigen im guten Glauben kauft, der, ist entschieden worden, kann ersitzen.*" Übersetzung von D.41.3.13 *de usurpationibus et usucapionibus* nach *Otto/Schilling/Sintenis*, CIC, IV, S. 307.

313 Nordd. Prot. II, S. 564.

alle Rechte am Streitgegenstand aufgegeben habe, aus dem Prozess austreten und den Erwerber seinen Platz einnehmen zu lassen. Dies liege im Interesse aller Teile.[314] Es gab auch Stimmen, welche generell eine weitgehende Abhängigkeit vom Vorbehalt des bürgerlichen Rechts für unangebracht hielten. Jedoch wurde ein darauf gerichteter Antrag von der Mehrheit abgelehnt.[315]

Ein Kommissionsmitglied wollte keine Regelung hinsichtlich einer Veräußerung durch den Kläger aufnehmen, sondern an den Verlust der Aktivlegitimation die Folge der Klageabweisung knüpfen. Jedenfalls müsse dem Beklagten das Recht zustehen, eine entsprechende Einrede zu erheben, wenn ein Urteil gegen den Erwerber keine Rechtswirkung entfalte.[316] Ferner dürfe umgekehrt das Urteil gegen den Beklagten nicht auch gegen seinen Rechtsnachfolger vollstreckbar sein. Vielmehr müsse eine neue Klage gegen diesen erhoben werden. Zur Absicherung des Klägers genüge der Erlass von Inhibitorien, welche etwa bei Immobilien im öffentlichen Register eingetragen werden könnten.[317] Dieses Kommissionsmitglied konnte sich nur teilweise durchsetzen. Am Ende siegte in Bezug auf den Diskussionspunkt um die durch Veräußerung entfallene Aktivlegitimation der Gedanke der Prozessökonomie. Der Wegfall der Aktivlegitimation durch Veräußerung des Streitgegenstandes mit der Folge einer Klageabweisung berge die Gefahr einer Prozessvervielfältigung in sich.[318] Gegen den Hilfsantrag des Kommissionsmitglieds, dem Beklagten den Einwand mangelnder Aktivlegitimation in den Fällen zu gewähren, in welchen das Urteil nicht auch gegenüber dem Rechtsnachfolger wirkte, wurden zwar Bedenken erhoben. Denn dies führe zu einer Prüfung des guten Glaubens in einem fortgeschrittenen Stadium des Prozesses. Gleichwohl stimmte die Mehrheit der Kommission dafür.[319] Der Vollstreckbarkeit des Urteils gegen den Rechtsnachfolger wurde jedoch im Grundsatz zugestimmt, zumal es auch mit den Regelungen des preußischen Rechts übereinstimme (Teil 1 Tit. 7 § 48, Tit. 24 § 9 Preuß-GO). Es müsse lediglich bei Einwendungen gegen die Wirksamkeit des Urteils ein neuer Prozess geführt werden.[320]

---

314 Nordd. Prot. II, S. 565.
315 Nordd. Prot. II, S. 565.
316 Nordd. Prot. II, S. 565.
317 Nordd. Prot. II, S. 565.
318 Nordd. Prot. II, S. 566.
319 Nordd. Prot. II, S. 566.
320 Nordd. Prot. II, S. 566.

Als es in späterer Sitzung um die Fassung des § 202 CPO-NDB ging, erklärte sich die Kommission auf Antrag eines Mitglieds einverstanden, *„dass durch diese Vorschrift die Frage, ob die Kenntniß des Erwerbers von der Anhängigkeit des Prozesses den guten Glauben desselben ausschließe, nicht entschieden werden solle“*[321].

Das hieße für das Beispiel 2a[322], dass D das Urteil grundsätzlich gegen sich gelten lassen muss und es auch ihm gegenüber vollstreckbar ist (§ 200 Abs. 3 CPO-NDE). Wäre B jedoch Kaufmann und hätte er das Gemälde in seinem Kunsthandel an D veräußert, so hätte D zunächst einmal das Eigentum daran erlangt (Art. 306 Abs. 1 ADHGB). Da es sich hierbei um eine Vorschrift aus dem bürgerlichen Recht handelt, welche den Erwerb in gutem Glauben betrifft,[323] käme der Grundsatz der subjektiven Rechtskrafterstreckung auf den Rechtsnachfolger nicht zur Anwendung (§ 202 Satz 1 CPO-NDE). Das Urteil wäre somit nicht gegen D vollstreckbar. Zum gleichen Ergebnis kommt das Beispiel 2b), da § 202 CPO-NDE den Fall der prozessualen Unredlichkeit nicht anders behandelt. Lediglich im Beispiel 2c) könnte der Kläger K das Urteil gegen den Dritten D vollstrecken. Da D hier vermutete, dass B nicht der Eigentümer war, erwirbt er kein Eigentum nach Art. 306 Abs. 1 ADHGB. Somit steht diese Vorschrift der subjektiven Rechtskrafterstreckung auch nicht entgegen (vgl. § 202 Satz 1 CPO-NDE).

III. Deutsches Reich (1871–1918)

Aufgrund des französisch-deutschen Krieges veränderten sich die Prioritäten, und die Arbeiten an einer Prozessordnung aus dem norddeutschen Entwurf stagnierten.[324] Da sich alsbald nach dem Krieg im Jahre 1871 die süddeutschen Staaten mit dem Norddeutschen Bund zusammenschlossen, entstand das *Deutsche Reich*, welches in seiner neuen Gesamtheit noch

---

321 Nordd. Prot. II, S. 776.

322 Siehe oben S. 5.

323 Vgl. zum inhaltsgleichen § 238 CPO Materialien bei *Hahn/Mugdan*, § 230 (S. 262); *Bülow*, CPO, § 238, 1. c) (S. 158); *Endemann*, Dt. Civilprozess II, § 238 (S. 29); *Struckmann/Koch*, CPO dt. Reich, § 238, 1) (S. 196); *Uebel*, Commentar CPO I, § 239, 4) (S. 225); *Gaupp*, CPO, § 238, I. 3. (S. 476); *Hellmann*, Lehrbuch Civilprozeßrecht, § 63 IV 11 b) γ (S. 345).

324 *Hellweg*, AcP 61 (1878), 78 (112).

immer an einer Zivilprozessordnung interessiert war, welche sich auf das gesamte Reichsgebiet erstreckt. Es erschien mithin geboten, auch die neu hinzugewonnenen süddeutschen Staaten bei der Schaffung dieser Prozessordnung zu beteiligen, was zu einer Überarbeitung des norddeutschen Entwurfs führte.[325] Der preußische Justizminister Dr. Leonhardt[326] wusste um die Schwächen des norddeutschen Entwurfs als Ergebnis verschiedener Mehrheitsentscheidungen und Kompromisse, welches zwar für die Arbeit in einer Kommission typisch, jedoch für das Durchsetzen eines konsequenten Grundgedankens gleichermaßen hinderlich war. Deshalb hatte er zunächst selbst, später unter Zuhilfenahme einiger weiterer Personen den norddeutschen Entwurf „durchkorrigiert“[327] und überarbeitet.[328] Diese Überarbeitung des norddeutschen Entwurfs durch die preußische Regierung endete noch im selben Jahr 1871 (hier „Ministerialentwurf“[329] genannt). Dieser Ministerialentwurf lautete in seinen Vorschriften über die Rechtshängigkeit und die Rechtskrafterstreckung des Urteils auf den Rechtsnachfolger inhaltsgleich wie der norddeutsche Entwurf. Lediglich die Normstandorte hatten sich verändert: Aus § 200 und § 202 CPO-NDE wurden § 215 und § 217 CPO-ME.

In der Begründung des Entwurfs wurde die Regelung über die Veräußerung streitbefangener Gegenstände (§ 215 Abs. 2 CPO-ME) als notwendige Konsequenz der Aufhebung des Veräußerungsverbots erachtet, wobei, dem Rechtssatz *pendente lite nihil innovandum* entsprechend, jede für den Prozessgegner nachteilige Folge verhindert oder jedenfalls unwirksam gemacht werden musste.[330] Diesem Ziel folgend, hatte die Veräußerung des streitbefangenen Gegenstands auf den Prozess keinen Einfluss, indem beide Parteien an den Prozess gebunden bleiben. Lediglich mit Zustimmung des Prozessgegners war eine Hauptintervention oder eine alleinige Übernahme des Prozesses durch den Rechtsnachfolger möglich. Der Schutz des Prozessgegners gebot es jedoch, ein ergangenes Urteil auch dem Rechtsnachfolger

325 *Hellweg*, AcP 61 (1878), 78 (112).
326 Dieser war bereits Referent der hannoverschen Kommission und Vorsitzender der norddeutschen Kommission.
327 *Hellweg*, AcP 61 (1878), 78 (114).
328 So *Hellweg*, AcP 61 (1878), 78 (113).
329 Das Regelungswerk wird im Folgenden „CPO-ME“ genannt.
330 Materialien bei *Dahlmanns*, §§ 215–217 (S. 308).

entgegenhalten und gegen diesen vollstrecken zu können, ohne den Umweg eines neuen Prozesses anstrengen zu müssen.[331] Das galt jedoch nicht ausnahmslos: „*Diese unmittelbare Wirksamkeit der Entscheidung bedarf aber (§ 217) einer Einschränkung nach Maßgabe anderer Vorschriften, welche große Gebiete des bürgerlichen Rechts beherrschen und durchdringen. Soweit es nämlich, sei es vermöge der Wirkung der bona fides oder der Publizität des Hypothekenbuchs, sei es nach dem Grundsatz „Hand wahrt Hand", oder nach anderen Rechtsvorschiften bei dem Erwerbe beweglicher oder unbeweglicher Sachen auf einen Mangel im Recht des Auktors nicht ankommt, kann dem Erwerber auch der Umstand nicht entgegenstehen, daß der veräußerte Gegenstand oder cedirte Anspruch im Streit befangen war. Ist hiernach die Entscheidung gegen den Rechtsnachfolger des Klägers nicht wirksam, so hat der Kläger die Sachlegitimation verloren, und der Beklagte kann die Abweisung der Klage aus diesem Grunde verlangen. Ist ferner nach jenen Grundsätzen die Absonderung nur gegen Erstattung des Erwerbspreises oder mit anderen Einschränkungen gestattet, so kommt dies auch demjenigen zu Gute, welcher eine litigiöse Sache erworben hat.*"[332]

Der Bundesrat beschloss, dass erneut eine Kommission, nunmehr unter Mitwirkung der süddeutschen Staaten zusammentreten und eine allgemeine Zivilprozessordnung für das *Deutsche Reich* auf der Grundlage des Ministerialentwurfs von 1871 und des norddeutschen Entwurfs von 1870 unter Berücksichtigung sonstiger Vorarbeiten entwerfen solle.[333] Die Ergebnisse dieser Kommission brachten indes kaum Neuerungen, da der Ministerialentwurf in großen Teilen von der Kommission angenommen wurde.[334] Dieser Entwurf wurde 1872 in Berlin veröffentlicht[335] und nach weiteren, jedoch sehr geringfügigen Änderungen 1874 dem Reichstag vorgelegt[336] und schließlich im Jahr 1877 öffentlich bekanntgemacht.[337] Der Wortlaut der letztlich verabschiedeten CPO unterscheidet sich hinsichtlich der hier relevanten Normen kaum und jedenfalls nicht wesentlich von dem

331 Materialien bei *Dahlmanns*, §§ 215–217 (S. 308).
332 Zitiert nach Materialien bei *Dahlmanns*, §§ 215–217 (S. 308 f.).
333 *Hellweg*, AcP 61 (1878), 78 (119).
334 *Hellweg*, AcP 61 (1878), 78 (121).
335 *Hellweg*, AcP 61 (1878), 78 (122).
336 *Hellweg*, AcP 61 (1878), 78 (125).
337 *Hellweg*, AcP 61 (1878), 78 (140).

des norddeutschen Entwurfs und des Ministerialentwurfs. Ferner wurde in der CPO die Erwägung aufgegriffen und bestätigt, dass eine nunmehr zu gestattende Veräußerung des streitbefangenen Gegenstandes nicht zum Nachteil des Prozessgegners derart führen durfte, dass dieser trotz bereits investierter Mühen, Zeit und Kosten einen neuen Prozess gegen den Rechtsnachfolger anzustrengen hatte.[338] Umgekehrt wurde aber eine Einschränkung der Rechtskrafterstreckung aufgrund der „*Vorschriften, welche große Gebiete des bürgerlichen Rechts beherrschen und durchdringen*“[339] in § 238 CPO für notwendig erachtet. Hierzu zählen die Vorschriften über den Erwerb beweglicher Sachen, die Vorschriften über den Erwerb aufgrund des Grund- und Hypothekenbuchs und die Vorschiften über den Erwerb in gutem Glauben:

> § 236 CPO
> „*(1) Die Rechtshängigkeit schließt das Recht der einen oder der anderen Partei nicht aus, die in Streit befangene Sache zu veräußern oder den geltend gemachten Anspruch zu zedieren.*
> *(2) Die Veräußerung oder Zession hat auf den Prozeß keinen Einfluß. Der Rechtsnachfolger ist nicht berechtigt, ohne Zustimmung des Gegners den Prozeß als Hauptpartei an Stelle des Rechtsvorgängers zu übernehmen oder eine Hauptintervention zu erheben Tritt der Rechtsnachfolger als Nebenintervenient auf, so findet der §. 66 keine Anwendung.*
> *(3) Die Entscheidung ist in Ansehung der Sache selbst auch gegen den Rechtsnachfolger wirksam und vollstreckbar.*“

> § 238 CPO
> „*Die Bestimmungen des §. 236 Absatz 3 und des §. 237 kommen insoweit nicht zur Anwendung als ihnen Vorschriften des bürgerlichen Rechts über den Erwerb beweglicher Sachen, über den Erwerb auf Grund des Grund- oder Hypothekenbuchs und über den Erwerb in gutem Glauben entgegenstehen. In einem solchen Falle kann dem Kläger, welcher veräußert oder zedirt hat, der Einwand der nunmehr mangelnden Sachlegitimation entgegensetzt werden.*“

338 Materialien bei *Hahn/Mugdan*, § 228 (S. 261).
339 Zitiert nach Materialien bei *Hahn/Mugdan*, § 230 (S. 262).

E. Anwendung der §§ 236, 238 CPO vor Inkrafttreten des Bürgerlichen Gesetzbuchs

Vor Inkrafttreten des Bürgerlichen Gesetzbuchs am 1. Januar 1900 wurden die §§ 236, 238 CPO in den verschiedenen Rechtsregionen unter der jeweiligen Geltung des dortigen materiellen Rechts angewandt. Für das Verständnis der Normentwicklung ist von besonderem Interesse, wie diese Anwendung erfolgte.

I. Allgemeines zu den §§ 236, 238 CPO

Es war nun ausdrücklich normiert, dass die Rechtshängigkeit das Recht der einen oder anderen Partei nicht ausschließt, über den streitbefangenen Gegenstand zu verfügen (§ 236 Abs. 1 CPO). Damit wurden die Veräußerungsverbote hinsichtlich streitbefangener Gegenstände aufgehoben.[340] Eine Veräußerung während des Prozesses war daher genauso zu beurteilen wie außerhalb des Prozesses und richtete sich nach den Vorschriften des jeweiligen bürgerlichen Rechts. Jedoch wurden Veräußerungsverbote streitbefangener Gegenstände, welche nicht aufgrund der Streitbefangenheit als solcher, sondern aus anderen Gründen bestanden, durch § 236 Abs. 1 CPO nicht aufgehoben. Das galt etwa für das bereits erwähnte[341] Veräußerungsverbot streitbefangener Gegenstände an Personen, die dem Gericht zugehörig sind, bei welchem der Rechtsstreit anhängig ist.[342] Infolge der Abschaffung des Veräußerungsverbots streitbefangener Gegenstände musste die CPO die Auswirkung einer so erfolgten Veräußerung regeln. Gemäß § 236 Abs. 2 CPO fand grundsätzlich keine Übertragung oder Fortführung des Prozesses durch den Rechtsnachfolger statt („*Die Veräußerung oder*

340 *Endemann*, Dt. Civilprozess II, § 236, 1. (S. 25); *Hellmann*, Lehrbuch Civilprozeßrecht, § 69 4) (S. 403).

341 Siehe oben Fn. 204.

342 *Endemann*, Dt. Civilprozess II, § 236, 1. (S. 25); *Gaupp*, CPO, § 236, I. (S. 469).

Zession hat auf den Prozess keinen Einfluss").[343] Gemäß § 236 Abs. 3 CPO wirkte das Urteil nicht lediglich, wie es der Regelfall ist, zwischen den Parteien, sondern auch gegen den jeweiligen Rechtsnachfolger.[344] Dies galt jedoch nur in Bezug auf die Entscheidung in der Sache selbst, nicht in Bezug auf die Kosten.[345] Ferner wirkte das Urteil nicht nur *gegen*, sondern auch *für* den Rechtsnachfolger.[346] Das Urteil war ohne Weiteres gegen den Rechtsnachfolger vollstreckbar, wenn es bereits aufgrund seiner Prozessübernahme (§ 236 Abs. 2 CPO) auf ihn lautete. Selbst wenn kein Fall der Prozessübernahme vorlag, konnte eine auf den Rechtsnachfolger lautende Vollstreckungsklausel ohne erneute Klage gegen diesen erteilt werden, wenn die Rechtsnachfolge dem Gericht offenkundig war oder durch öffentliche Urkunden nachgewiesen werden konnte (§ 665 Abs. 1 CPO[347]).[348]

Der § 238 Satz 1 CPO sah jedoch eine Ausnahme zum Schutze der Vorschriften, „*welche große Gebiete des bürgerlichen Rechts beherrschen und durchdringen*"[349] vor. Hierbei ging es namentlich um den Erwerb beweglicher Sachen, den Erwerb aufgrund des Grund- oder Hypothekenbuchs und den Erwerb in gutem Glauben. „*Soweit es nach diesen Vorschriften für den rechtsgültigen, wirksamen Erwerb beweglicher oder unbeweglicher Sachen auf einen Mangel in dem Rechte des Auktors nicht ankommt, kann dem Erwerber auch der Umstand nicht entgegenstehen, daß der veräußerte*

---

343 *Endemann*, Dt. Civilprozess II, § 236, 2. (S. 26).

344 *Rinteln*, Civilproceß, § 140 1. b. β. e. (S. 665).

345 *Endemann*, Dt. Civilprozess II, § 236, 3. (S. 27); *Gaupp*, CPO, § 236, VI. (S. 472).

346 *Endemann*, Dt. Civilprozess II, § 236 (S. 27); *Gaupp*, CPO, § 236, III. (S. 470); *Struckmann/Koch*, CPO dt. Reich, § 236, 3) (S. 194).

347 **§ 665 Abs. 1 CPO:** *Eine vollstreckbare Ausfertigung kann für den Rechtsnachfolger des in dem Urtheile bezeichneten Gläubigers sowie gegen die allgemeinen Rechtsnachfolger des in dem Urtheile bezeichneten Schuldners und unter Berücksichtigung der §§. 236, 238 gegen denjenigen Rechtsnachfolger dieses Schuldners ertheilt werden, an welchen die in Streit befangene Sache während der Rechtshängigkeit oder nach Beendigung des Rechtsstreits veräußert ist, sofern die Rechtsnachfolge bei dem Gericht offenkundig ist oder durch öffentliche Urkunden nachgewiesen wird.*

348 *Endemann*, Dt. Civilprozess II, § 236 (S. 27); *Struckmann/Koch*, CPO dt. Reich, § 236, 3) (S. 194).

349 Zitiert nach Materialien bei *Hahn/Mugdan*, § 230 (S. 262).

Gegenstand oder der cedirte Anspruch im Streite befangen war.“[350] Dabei sollte durch § 238 Satz 1 CPO jedoch keine Aussage zur Gutgläubigkeit im materiellen Recht getroffen werden: Aus der Norm als solcher folgte nicht, dass die Kenntnis der Rechtshängigkeit automatisch auch den (materiellrechtlichen) guten Glauben des Erwerbers ausschloss.[351]

Veräußerte nun der Kläger während des Prozesses den streitbefangenen Gegenstand, so konnte es bei Vorliegen der Voraussetzungen des § 238 Satz 1 CPO dazu kommen, dass ein Fortführen des Prozesses für den Beklagten sinnlos wurde. Denn ein Urteil gegen „seinen“ Kläger war nicht mehr fruchtbar, da er nicht mehr Rechtsinhaber war und das Urteil gegen den Rechtsnachfolger wegen § 238 Satz 1 CPO keine Wirkung entfaltet. In diesem Fall räumte § 238 Satz 2 CPO dem Beklagten den Einwand der (nunmehr) fehlenden Sachlegitimation ein.[352] Veräußerte hingegen umgekehrt der Beklagte den streitbefangenen Gegenstand und entfaltete das Urteil keine Rechtswirkung gegenüber dem Rechtsnachfolger, so billigte die Norm dem Kläger keinen Einwand zu. Dies war aber aufgrund der im Vergleich zum Beklagten verschiedenen Rechtssituation auch nicht notwendig, da der Kläger die Klage schlicht „fallen lassen“[353] oder, da es keine unzulässige Klageänderung nach Rechtshängigkeit bedeutete (§ 240 Nr. 3 CPO)[354], auf das Interesse umstellen[355] konnte.

Wurde die streitbefangene Sache unter Erfüllung des Tatbestandes der Art. 306, 307 ADHGB veräußert, so war eine solche Veräußerung nicht nur zulässig (§ 236 Abs. 1 CPO), sondern stand auch unter dem besonderen

---

350 Zitiert nach Materialien bei *Hahn/Mugdan*, § 231 (S. 262).

351 Nordd. Prot. II, S. 776; *Bülow*, CPO, § 238, 1. c) (S. 158); *Endemann*, Dt. Civilprozess II, § 238 (S. 29).

352 *Rinteln*, Civilproceß, § 70 1. b. δ (S. 341); *Hellmann*, Lehrbuch Civilprozeßrecht, § 69 4) b) (S. 404).

353 *Endemann*, Dt. Civilprozess II, § 238 (S. 30).

354 § 240 CPO: *Als Aenderung der Klage ist es nicht anzusehen, wenn ohne Aenderung des Klagegrundes*
1, […]
3. statt des ursprünglich geforderten Gegenstandes wegen einer später eingetretenen Veränderung ein anderer Gegenstand oder das Interesse gefordert wird.

355 *Endemann*, Dt. Civilprozess II, § 240 (S. 33).

Schutz des § 238 Satz 1 CPO:[356] Bei prozessualer Niederlage des Veräußerers wirkte das Urteil – entgegen § 236 Abs. 3 CPO – nicht gegen den Erwerber.

II. Anwendung im gemeinen Recht

Die Einführung der §§ 236, 238 CPO hob das Veräußerungsverbot streitbefangener Gegenstände auf, und das galt jedenfalls nunmehr auch für die *actio litigiosa*. Hinsichtlich einer Veräußerung der *res litigiosa* dürfte sich die Einführung der §§ 236, 238 CPO praktisch jedoch kaum ausgewirkt haben, da das Veräußerungsverbot bereits vor Inkrafttreten der CPO hinter entgegenstehende praktische Bedürfnisse zurückgetreten war.[357] Auch dass ein in der Sache ergehendes Urteil nunmehr gegen den Rechtsnachfolger wirksam und vollstreckbar (§ 236 Abs. 3 CPO) war, entsprach der bisherigen gemein-rechtlichen Praxis: Gegen den Rechtsnachfolger auf Beklagtenseite konnte das Urteil vollstreckt werden und gegen den Rechtsnachfolger auf Klägerseite war das ergangene Urteil wirksam. Die in § 238 Satz 1 CPO angelegten Ausnahmen von diesem Grundsatz kamen im gemeinen Recht nicht zum Tragen. Sie suchten nämlich lediglich einen im materiellen Recht gewährten Verkehrsschutz konsequent und widerspruchsfrei im Prozessrecht fortzuführen; dies aber natürlich nur, insoweit er überhaupt bestand. Da jedoch der von § 236 Abs. 3 CPO aufgestellte Grundsatz der Urteilswirkung und -vollstreckung gegen den Rechtsnachfolger keinen Vorschriften des gemeinen Rechts widersprach, „*welche große Gebiete des bürgerlichen Rechts beherrschen und durchdringen*“[358], war hiervon auch keine Ausnahme zu machen. Somit ändert sich die Beurteilung des Beispiels 1[359] nicht: D erwirbt das Eigentum an dem Gemälde, jedoch „belastet“ mit einem anhängigen Rechtsstreit. Diese, aus dem Grundsatz *nemo plus iuris*

356 Materialien bei *Hahn/Mugdan*, § 230 (S. 262); *Bülow*, CPO, § 238, 1. c) (S. 158); *Endemann*, Dt. Civilprozess II, § 238 (S. 29); *Struckmann/Koch*, CPO dt. Reich, § 238, 1) (S. 196); *Uebel*, Commentar CPO I, § 239, 4) (S. 225); *Gaupp*, CPO, § 238, I. 3. (S. 476); *Hellmann*, Lehrbuch Civilprozeßrecht, § 63 IV 11 b) γ (S. 345).

357 Siehe oben S. 24.

358 Zitiert nach Materialien bei *Hahn/Mugdan*, § 230 (S. 262).

359 Siehe oben S. 4.

ad alium transferre potest quam ipse habet folgende Praxis der „Rechtshängigkeitsbelastung“ hatte nun lediglich eine kodifizierte Grundlage in § 236 Abs. 3 CPO gefunden.

III. Anwendung im preußischen Recht

Im preußischen Recht stellte § 236 Abs. 3 CPO die Nachfolgevorschrift zu Teil 1 Tit. 24 § 9 Preuß-GO dar, welche den Rechtsnachfolger einer Prozesspartei hinsichtlich eines streitbefangenen Gegenstands ebenfalls dem im Prozess ergangenen Urteil unterwarf.[360] Mit § 9 GEG und dem redlichen Erwerb von Grundstücken ergaben sich Besonderheiten. Veräußerte der Beklagte ursprünglich bei einer Eigentumsklage als Nichtberechtigter das Grundstück des Klägers und lag dabei ein Fall des § 9 GEG vor, so verlor der Kläger sein Eigentum, und er konnte somit auch keine Rechte daraus mehr geltend machen. Er musste sich dann mit dem Schadensersatzersatzanspruch wegen Verstoßes gegen das Veräußerungsverbot aus Teil 1 Tit. 7 § 48 Preuß-GO zufrieden geben.

Mit Inkrafttreten der §§ 236, 238 CPO entfiel das Veräußerungsverbot streitbefangener Gegenstände und der aus einem Zuwiderhandeln resultierende Schadensersatzanspruch. Der Regelungsgehalt des Teil 1 Tit. 24 § 9 Preuß-GO ging zu einem großen Teil in § 236 Abs. 3 CPO auf. Neu waren die in § 238 Satz 1 CPO enthaltenen Ausnahmen. Die Ausnahme zugunsten der Vorschriften des bürgerlichen Rechts über den Erwerb beweglicher Sachen (§ 238 Satz 1, 1. Fall CPO) betraf solche Vorschriften, die auf dem Grundsatz *Hand wahre Hand* beruhen, wozu die Ausnahmevorschriften Teil 1 Tit. 15 §§ 42 ff. ALR etwa beim Verkauf durch den Fiskus oder im Rahmen öffentlicher Versteigerungen zählten.[361] Der § 9 GEG zählte zu den Vorschriften über den Erwerb aufgrund des Grund- und Hypothekenbuchs

360 Siehe dazu oben S. 36 ff.

361 Materialien bei *Hahn/Mugdan*, § 230 (S. 262); *Bülow*, CPO, § 238, 1. a) (S. 157); *Endemann*, Dt. Civilprozess II, § 238 (S. 29); *Struckmann/Koch*, CPO dt. Reich, § 238, 1) (S. 196); *Uebel*, Commentar CPO I, § 239, 4) (S. 225); *Gaupp*, CPO, § 238, I. 1. (S. 476); *Hellmann*, Lehrbuch Civilprozeßrecht, § 63 IV 11 b) α (S. 345).

(§ 238 Satz 1, 2. Fall CPO).[362] Die Vorschriften über den Erwerb in gutem Glauben (§ 238 Satz 1, 3. Fall CPO) bezogen sich häufig auf Normen, welche bereits den ersten beiden Kategorien unterfielen.[363] Sie erfassten Vorschriften, welche den auf Herausgabe in Anspruch genommenen redlichen Erwerber schützten. Dabei ging es nicht nur um den vollständigen Erwerbsschutz wie im Falle der Art. 306, 307 ADHGB durch Verschaffung des Vollrechts, sondern auch um den teilweisen Erwerbsschutz, wie etwa bei Teil 1 Tit. 15 §§ 24–26, § 44 ALR, welche die Herausgabe der Sache von der Erstattung des Kaufpreises abhängig machten.[364] Für diese Fälle war die Entscheidung eben nicht (ohne Weiteres) nach § 236 Abs. 3 CPO gegen den Rechtsnachfolger wirksam und vollstreckbar. War der Gegenstand nach materiellem Recht nicht (mehr) vindizierbar, sei es wegen eines Erwerbs im Rahmen einer öffentlichen Versteigerung (Teil 1 Tit. 7 § 42 ALR) oder sei es wegen eines Eigentumsverlustes kraft § 9 GEG, so konnte das Urteil gegen den Rechtsnachfolger überhaupt nicht und etwa im Falle einer gekauften, dem Eigentümer jedoch abhandengekommenen Sache nur („insoweit“) Zug um Zug gegen Herausgabe des dafür Geleisteten (Teil 1 Tit. 15 § 26 ALR) vollstreckt werden.

Im Beispiel 3a)[365] hätte der redliche D jedenfalls kein Eigentum an dem Gemälde erlangt, da ein Erwerb vom Nichtberechtigten im preußischen ALR bei beweglichen Sachen nicht vorgesehen war.[366] Der Eigentümer K kann das Gemälde von D vindizieren (Teil 1 Tit. 15 § 1 ALR). D wäre aber zur Herausgabe nur gegen „Erstattung alles dessen, was er dafür gegeben“ hat, verpflichtet (Teil 1 Tit. 15 § 26 ALR). Das im Rechtsstreit

---

362 *Bülow*, CPO, § 238, 1. b) (S. 157); *Endemann*, Dt. Civilprozess II, § 238 (S. 29); *Struckmann/Koch*, CPO dt. Reich, § 238, 1) (S. 196); *Gaupp*, CPO, § 238, I. 2. (S. 476); *Hellmann*, Lehrbuch Civilprozeßrecht, § 63 IV 11 b) β (S. 345).

363 *Gaupp*, CPO, § 238, I. 3. (S. 476).

364 Materialien bei *Hahn/Mugdan*, § 230 (S. 262); *Bülow*, CPO, § 238, 1. c) (S. 158); *Endemann*, Dt. Civilprozess II, § 238 (S. 29); *Struckmann/Koch*, CPO dt. Reich, § 238, 1) (S. 196); *Uebel*, Commentar CPO I, § 239, 4) (S. 225); *Gaupp*, CPO, § 238, I. 3. (S. 476); *Hellmann*, Lehrbuch Civilprozeßrecht, § 63 IV 11 b) γ (S. 345).

365 Siehe oben S. 36.

366 Das gilt natürlich nur vorbehaltlich einer Art. 306, 307 ADHGB-Konstellation.

zwischen K und B ergangene Urteil auf Herausgabe des Gemäldes kann gemäß § 236 Abs. 3 CPO auch gegenüber D vollstreckt werden. Jedoch schützt § 238 Satz 1 CPO diesen, indem auch nur Zug-um-Zug gegen Erstattung des Geleisteten vollstreckt werden kann. Im Beispielsfall 3b)[367] hat D gemäß §§ 1, 2, 9 GEG vom nichtberechtigten B Eigentum am Grundstück erlangt. Das bedeutet mit Blick auf die subjektive Rechtskraft, dass das ergangene Urteil nach § 236 Abs. 3 CPO zwar grundsätzlich auch gegen D vollstreckbar ist, hier jedoch gerade nicht, da eine solche Vollstreckung im Widerspruch zu dem besonderen Schutz steht, den § 9 GEG gewährt. Somit greift § 238 Satz 1 CPO ein und verhindert die subjektive Rechtskrafterstreckung. Der ursprünglich bestehende Widerspruch, wie er oben bereits aufgezeigt wurde,[368] besteht damit nicht mehr. Der Konflikt zwischen materiell-rechtlichem Schutz (§ 9 GEG) auf der einen, und subjektiver Rechtskrafterstreckung (§ 236 Abs. 3 CPO, vormals Teil 1 Tit. 24 § 9 Preuß-GO) auf der anderen Seite wird durch § 238 Satz 1 CPO zugunsten der materiell-rechtlichen Seite aufgelöst.

IV. Anwendung im badischen und französischen Recht

Für das badische wie auch französische Prozessrechts schufen die §§ 236, 238 CPO nun eine klare Regelung und lösten dabei die in den französischen Rechtsbereichen herrschende Kontroverse zur Rechtskraftwirkung gegenüber am Prozess unbeteiligten Dritten auf. Wurde nunmehr eine bewegliche Sache, ein Grundstück oder eine Forderung nach Rechtshängigkeit auf einen Dritten übertragen, so war ein in der Sache ergehendes Urteil auch gegen diesen Rechtsnachfolger wirksam und vollstreckbar (§ 236 Abs. 3 ZPO). Insbesondere war dieser Grundsatz nun nicht von einem Repräsentationsgedanken und einer daraus folgenden Parteienfiktion abhängig.[369] Erfolgte die Veräußerung durch einen Nichtberechtigten, so war zu unterscheiden: Wie in den Ausführungen zum materiellen badischen und französischen Recht beschrieben,[370] wurde der Dritte nicht Eigentümer der Sache, da das Eigentum nur durch Veräußerung des Berechtigten erworben werden konnte.

367 Siehe oben S. 36.
368 S. 36 ff.
369 Siehe dazu die Kurzbeschreibung oben in Fußnote 277.
370 Siehe oben S. 45 ff.

Jedoch durfte der Dritte, der eine bewegliche Sache erhalten hatte, diese nach LRS 2279 bzw. Art. 2279 Cc in der Form behalten, dass sie grundsätzlich nicht vindizierbar war. Diese Vorschriften waren als Ausprägung des Grundsatzes *Hand wahre Hand* von § 238 Satz 1 CPO geschützt, so dass der Dritte, welcher die bewegliche Sache nach Eintritt der Rechtshängigkeit erhalten hatte, das folgende Urteil nicht gegen sich gelten zulassen brauchte. Das Ergebnis in Beispiel 3a)[371] ist nun auch ein anderes. Ähnlich wie im Rahmen des redlichen Grundstückserwerbs im preußischen Recht, wird hier im Bereich der beweglichen Sachen durch § 238 Satz 1 CPO auch der Konflikt zwischen dem im materiellen Recht gewährten Schutz (LRS 2279 bzw. Art. 2279 Cc) und der subjektiven Rechtskrafterstreckung[372] auf den Rechtsnachfolger zugunsten des materiell-rechtlichen Schutzes aufgelöst. D darf das Gemälde behalten und muss das zwischen K und B ergangene Urteil nicht gegen sich gelten lassen. Hinsichtlich des Erwerbs von Grundstücken oder Forderungen verblieb es bei der Bestätigung bzw. Einführung des Grundsatzes der Rechtskrafterstreckung nach § 236 Abs. 3 CPO. Für diese Gegenstände existierten nämlich weder im *Badischen Landrecht* noch im *Code civil* Redlichkeitsvorschriften zum Schutze Dritter, welche des besonderen Schutzes des § 238 Satz 1 CPO bedurft hätten. Das heißt, der Erwerb eines Grundstücks oder einer Forderung vom Berechtigten war zwar materiell-rechtlich wirksam, die Rechtskraft eines ungünstigen Urteils musste der Dritte aber gleichwohl gemäß § 236 Abs. 3 CPO gegen sich gelten lassen.

---

371 Siehe oben S. 36.

372 Soweit eine solche durch Rückgriff auf das gemeine Recht stattgefunden hat.

F. Anwendung der Zivilprozessordnung ab Inkrafttreten des Bürgerlichen Gesetzbuchs

I. CPO-Novelle von 1898

Das baldige Inkrafttreten des *Bürgerlichen Gesetzbuchs* mit seinen Nebengesetzen am 1.1.1900 machte einige Änderungen an der CPO erforderlich, welche bislang so allgemein gefasst war, dass sie auf das im jeweiligen Rechtsgebiet einschlägige Partikularrecht Anwendung finden konnte. Diese Änderungen sollten durch das *Gesetz, betreffend Aenderungen der Civilprozeßordnung* vom 17. Mai 1898[373] vollzogen werden, welches neben diesen Änderungen auch einige ohnehin beabsichtigte Reformvorhaben umzusetzen suchte, die bislang jedoch aufgrund des gewaltigen Bearbeitungsaufwandes zur Schaffung des BGB zurückstehen mussten.[374] Die Vorschriften des BGB über den Erwerb vom Nichtberechtigten (§§ 892 f., 932 ff. BGB) waren gerade solche, welche Änderungen der §§ 236, 238 CPO erforderlich machten.[375] Diese sahen bislang eine Ausnahme vom Grundsatz für bestimmte Vorschriften und Rechtsinstitute verschiedener Rechtsordnungen vor, welche letztlich alle auf der Redlichkeit einer Partei oder dem Prinzip *Hand wahre Hand* beruhten und dem Schutz des Rechtsverkehrs dienten. Soweit dieser Schutz im BGB übernommen wurde, ist er in den Vorschriften über den Erwerb vom Nichtberechtigten niedergelegt worden, weshalb nunmehr auch die Ausnahme vom Grundsatz der Vollstreckbarkeit von Urteilen gegen die Rechtsnachfolger ab Rechtshängigkeit lediglich auf diese Vorschriften Anwendung finden musste. So geschah es, dass die Kodifizierung dieses Grundsatzes von § 236 CPO abgekoppelt und aus

373 RGBl. 1898, S. 256 ff.; im Folgenden „CPO-Novelle 1898" genannt; das durch die CPO-Novelle 1898 geänderte Gesetz wird im Folgenden „CPO-1898" genannt.

374 *Vierhaus*, ZZP 1898, 297 (298); *Jastrow*, JZ 1898, 28.

375 Vgl. Abänderungsantrag Dr. von Buchka der VI. Kommission zur 1. Lesung (No. 1, 14.1.1898), wiedergegeben in den Materialien bei *Jakobs/Schubert*, II, S. 1427; *Vierhaus*, ZZP 1898, 297 (299).

systematischen[376] Gründen in einer eigenen Vorschrift, § 293c Abs. 1 CPO-1898[377], niedergelegt wurde, während die Ausnahme des § 238 Satz 1 CPO dieser Vorschrift als zweiten Absatz hinzugefügt wurde.[378] Gemeinsam mit dem dritten Absatz deckt sich § 293c CPO-1898 nahezu wörtlich mit dem heutigen § 325 ZPO. Unterschiede bestehen lediglich in kleinen, inhaltlich irrelevanten Abweichungen in der Wortwahl,[379] und dem erst später angefügten Absatz 4, welcher für Schiffshypotheken gilt. Der das weitere Verfahren betreffende und eine Einrede gewährende § 238 Satz 2 CPO wurde nun § 236 CPO in Absatz 3 angefügt,[380] so dass dieser nunmehr auch die Struktur des heutigen § 265 ZPO erhalten hat.

Mit den Änderungen an den bisherigen §§ 236, 238 CPO sollte jedoch keine sachliche Änderung einhergehen. Durch die Umstrukturierung in die §§ 236, 293c CPO-1898 sollten lediglich die verschiedenen Regelungskomplexe im Zusammenhang kodifiziert werden.[381] Über die bisherigen Regelungen hinausgehend wurde jedoch § 293c Abs. 3 CPO-1898 ins Gesetz

---

376 Nunmehr „im Zusammenhang“ geregelt, vgl. Mat. CPO-Novelle 1898, S. 147.

377 § **293c** CPO-1898: (**1**) *Das rechtskräftige Urtheil wirkt für und gegen die Parteien und diejenigen Personen, welche nach dem Eintritte der Rechtshängigkeit Rechtsnachfolger der Parteien geworden sind oder den Besitz der in Streit befangenen Sache in solcher Weise erlangt haben, daß eine der Parteien oder ihr Rechtsnachfolger mittelbarer Besitzer geworden ist.* (**2**) *Die Vorschriften des bürgerlichen Rechts zu Gunsten derjenigen, welche Rechte von einem Nichtberechtigten herleiten, finden entsprechende Anwendung.* (**3**) *Betrifft das Urtheil einen Anspruch aus einer eingetragenen Reallast, Hypothek, Grundschuld oder Rentenschuld, so wirkt es im Falle einer Veräußerung des belasteten Grundstücks in Ansehung des Grundstücks gegen den Rechtsnachfolger auch dann, wenn dieser die Rechtshängigkeit nicht gekannt hat. Gegen den Ersteher eines im Wege der Zwangsversteigerung veräußerten Grundstücks wirkt das Urtheil nur dann, wenn die Rechtshängigkeit spätestens im Versteigerungstermine vor der Aufforderung zur Abgabe von Geboten angemeldet worden ist.*

378 Vgl. Mat. CPO-Novelle 1898, S. 27; Materialien bei *Jakobs/Schubert*, I, S. 88 u. bei *Jakobs/Schubert*, II, S. 1337, 1339.

379 So etwa die Einleitung des Nebensatz in Absatz 1 mit *die* statt *welche*, oder die Formulierung in Absatz 2, welche eine *entsprechende Anwendung* erklärt statt die *entsprechende Geltung* anzuordnen.

380 Vgl. Mat. CPO-Novelle 1898, S. 24; Materialien bei *Jakobs/Schubert*, I, S. 85.

381 Mat. CPO-Novelle 1898, S. 147.

eingefügt. Handelte es sich bei dem Streitgegenstand um einen dinglichen Anspruch aus Reallast, Hypothek, Grundschuld oder Rentenschuld und wurde zwar nicht dieser Anspruch, aber das Haftungsobjekt nach Rechtshängigkeit veräußert, so konnte auch dem gutgläubigen Erwerber gegenüber das Urteil grundsätzlich vollstreckt werden (§ 293c Abs. 1, 3 Satz 1 CPO-1898). Diese Vorschrift lehnt sich an den preußischen § 44 GEG an und ist mit dem § 26 des *Gesetzes über die Zwangsversteigerung und Zwangsverwaltung* vom 24. März 1897 (ZVG) verwandt.[382] Der § 293c Abs. 3 Satz 1 CPO-1898 gibt hier dem klagenden Gläubiger den Vorzug gegenüber dem redlichen Erwerber. Diese Vorschrift sei gerechtfertigt, da einerseits die Rechtsverfolgung des Gläubigers nicht erschwert werden dürfe und sie andererseits den Erwerber nicht benachteilige, da die Grundstücksbelastung im Grundbuch vorher einsehbar war und er daher mit der Möglichkeit zu rechnen hatte, dass dieses Recht auch im Streit befangen sein konnte.[383] Wenngleich es bedenklich erscheint, dem Erwerber eine benachteiligende Wirkung durch diese Vorschrift abzusprechen, so erscheint sie dennoch gerecht. Denn weder dem Gläubiger noch dem Erwerber kann hier ein Vorwurf gemacht werden; die aufzulösende Problematik wurde allein vom Beklagten durch die Veräußerung des Grundstücks heraufbeschworen. Dass den Erwerber hier das Risiko eines anhängigen Rechtsstreits trifft, benachteiligt ihn nicht unzumutbar, da zum einen das Grundstück belastet war und der Erwerber davon Kenntnis hatte oder wenigstens ohne Weiteres hätte erlangen können. Dass sich diese dingliche Belastung auch auswirken konnte, etwa durch Geltendmachung, ist allgemeines Lebensrisiko, das gemeinsam mit dem Erwerb eines belasteten Grundstücks in Kauf genommen wurde. Zum anderen würde es für den Erwerber auch kaum einen Unterschied machen, wenn die Grundstücksbelastung vom Gläubiger erst nach Erwerb geltend gemacht und ein entsprechendes Urteil sodann gegen den Erwerber vollstreckt würde. In jedem Fall unterliegt das belastete Grundstück der Haftung, welche der Erwerber als Eigentümer zu dulden hat.

Zum Schutz vor Täuschung wurde der Erwerber ausnahmsweise aber doch geschützt, und ein in der Sache ergangenes Urteil gegen den Rechtsvorgänger entfaltete ihm gegenüber keine Rechtswirkung, wenn er das belastete

382 Mat. CPO-Novelle 1898, S. 154.
383 Mat. CPO-Novelle 1898, S. 154.

Grundstück im Rahmen der Zwangsversteigerung erworben hatte und die Rechtshängigkeit nicht spätestens im Versteigerungstermin vor der Aufforderung zur Abgabe von Geboten angemeldet wurde (§ 293c Abs. 3 Satz 2 CPO-1898). Es besteht eine Verwandtschaft mit § 54 ZVG.[384]

Die CPO-Novelle 1898 sollte gemeinsam mit dem *Bürgerlichen Gesetzbuch* in Kraft treten.[385] Zuvor änderten sich durch Neuverkündung vom 20. Mai 1898 einige Paragrafenziffern.[386] So wurden schließlich aus §§ 236, 293c CPO-1898 die uns heute bekannten §§ 265, 325 ZPO.[387]

II. Die Rechtsprechung zu § 325 Abs. 2 ZPO

Mit der hier zu untersuchenden Norm beschäftigte sich das Reichsgericht[388] erstmalig im Jahr 1912. Dabei ging es um eine Klage gegen Klauselerteilung nach §§ 768, 767 ZPO. In dem Fall hatte der ursprüngliche Kläger K gegen die Beklagte B ein Urteil auf Zustimmung zur Grundbuchberechtigung und Herausgabe seines Grundstücks mit der Behauptung erwirkt, dass die Auflassung an B nur zum Schein erfolgt und somit nach § 117 Abs. 1 BGB nichtig sei.[389] Nach Rechtshängigkeit der Klage hatte B das Grundstück an den Dritten D übereignet, und nach Obsiegen des K und Eintritt der Rechtskraft wurde K eine vollstreckbare Ausfertigung gegen D erteilt (§§ 325 Abs. 1, 727[390] ZPO). Hiergegen wehrte sich nun D und es galt zu

---

384 Mat. CPO-Novelle 1898, S. 154.

385 Vgl., Artikel I des Einführungsgesetzes zu dem Gesetz, betreffend Aenderungen der Civilprozeßordnung vom 17. Mai 1898; RGBl. 1898, S. 332 ff.; Materialien bei *Jakobs/Schubert*, I, S. 145.

386 RGBl. 1898, S. 410 ff.; Materialien bei *Jakobs/Schubert*, I, S. 72 Fn. 1.

387 Vgl. Materialien bei *Jakobs/Schubert*, I, S. 88; die CPO wurde am 1. Januar 1903 sprachlich in ZPO umbenannt, *Müller-Froelich*, Gerichtsstand, § 4 I. 1. (S. 71), Wieczorek/Schütze/*Prütting*, Einl. Rn. 4.

388 RGZ 79, 165.

389 Da es bei dem Urteil um eine Klage gegen die Vollstreckungsklausel nach § 768 ZPO ging, befand sich der Rechtsnachfolger in der Position des Klägers und der ursprüngliche Kläger und Eigentümer als Vollstreckungsgläubiger in der Rolle des Beklagten, welche in dem hier geschilderten Fall vertauscht wurden, um die bisher auf die Fälle des § 325 ZPO angewandte Personenkonstellation der Einfachheit halber beizubehalten.

390 Nachfolgevorschrift des auf S. 68 genannten § 665 CPO, vgl. Materialien bei *Jakobs/Schubert*, I, S. 109.

klären, ob das Urteil gegen ihn nach § 325 Abs. 2 ZPO ausnahmsweise doch keine Wirkung entfaltet. Besonders interessant an diesem Urteil ist, dass die beiden Vorinstanzen ein unterschiedliches Verständnis vom Bezugspunkt der Redlichkeit im Rahmen des § 325 Abs. 2 ZPO hatten, während das Reichsgericht sodann mit einer dritten Ansicht aufwartete – alle drei Ansichten sind bereits bekannt:

Das erstinstanzliche Gericht nahm an, dass es allein auf die materiellrechtliche Redlichkeit des Rechtsnachfolgers ankomme. Läge sie vor, so müsste der Rechtsnachfolger das Urteil nach § 325 Abs. 2 ZPO nicht gegen sich gelten lassen (und die Vollstreckungsklausel hätte nicht nach § 727 Abs. 1 ZPO auf ihn umgeschrieben werden dürfen). Das Berufungsgericht hielt es dahingegen für allein maßgeblich, dass der Erwerber D keine Kenntnis von der Rechtshängigkeit hatte.[391] Letztere Ansicht wurde darauf gestützt, dass die Vorschriften des bürgerlichen Rechts zugunsten jener, welche Rechte von einem Nichtberechtigten herleiten, hier also § 892 BGB, entsprechende Anwendung fänden und sich aus § 325 Abs. 3 Satz 1 ZPO ergebe, dass die Kenntnis von der Unrichtigkeit des Grundbuchs durch die Kenntnis der Rechtshängigkeit ersetzt werde.[392] Der Ansicht der ersten Instanz stellte sich das Reichsgericht mit der Behauptung entgegen, Absatz 3 Satz 1 lasse *„mit ziemlicher Sicherheit erkennen, daß das rechtskräftige Urteil schon dann gegen den Rechtsnachfolger der unterliegenden Partei wirksam sein soll, wenn er zur Zeit des Erwerbes die Rechtshängigkeit kannte.“*[393] Diese Kenntnis ersetze dabei nicht die Kenntnis von dem Mangel im Recht des Rechtsvorgängers, wie es die Berufungsinstanz annahm, sondern trete neben diese.[394] Insoweit handele es sich bei § 325 Abs. 3 Satz 1 ZPO auch keineswegs um eine entbehrliche Vorschrift, sondern sie diene der Verdeutlichung des Absatzes 2.[395]

---

391 RGZ 79, 165 (166).
392 RGZ 79, 165 (166).
393 Zitiert nach RGZ 79, 165 (167).
394 „Denn wenn schon die Kenntnis von der Rechtshängigkeit das Urteil gegen den Rechtsnachfolger wirksam machen soll, so muss das umso mehr im Falle seiner Kenntnis von dem Rechtsmangel gegen ihn wirken“, RGZ 79, 165 (168).
395 RGZ 79, 165 (168).

Über die Anwendung der Vorschrift war man sich also bereits 1912 uneinig. Die in diesem Reichsgerichtsurteil entstandene Ansicht stellt heute die Ansicht mit den wohl meisten[396] Vertretern in der Literatur dar und bildet auch die Grundlage nachfolgender[397] Urteile. Bemerkenswert ist dabei, dass sich mit dem „Problem" des § 325 Abs. 2 ZPO in neueren Urteilen nicht mehr auseinandergesetzt, sondern die vom Reichsgericht gewählte Ansicht stets als gegeben und (offenbar) zutreffend hingenommen wird.

III. Auslegung des § 325 Abs. 2 ZPO

Mit Inkrafttreten des *Bürgerlichen Gesetzbuchs* änderte sich das materielle Recht grundlegend. Für einen Rechtserwerb sind nun regelmäßig eine dingliche Einigung und ein Publizitätsakt erforderlich (vgl. §§ 873, 929 ff., 1032, 1205 BGB). Ferner wird der Rechtsverkehr durch das Rechtsinstitut des Erwerbs vom Nichtberechtigten regelmäßig dann geschützt, wenn ein entsprechender Rechtsschein in zurechenbarer Weise gesetzt wurde und der Erwerber schutzwürdig erscheint (vgl. §§ 892 f., 932 ff., 1032, 1138, 1155, 1157, 1207, 1244, 2366 BGB). Diese Vorschriften ersetzen damit die zuvor geltenden „Vorschriften des bürgerlichen Rechts über den Erwerb beweglicher Sachen, über den Erwerb auf Grund des Grund- oder Hypothekenbuchs und über den Erwerb in gutem Glauben", auf welche sich noch § 238 Satz 1 CPO bezog. Auch sie schützen nunmehr einen Rechtserwerb, indem sie es „auf einen Mangel in dem Rechte des Auktors"[398] nicht ankommen

---

396 MüKo-ZPO/*Gottwald*, § 325 Rn. 99; Stein/Jonas/*Leipold*, ZPO, § 325 Rn. 40; BeckOK-ZPO/*Gruber*, § 325 Rn. 27; Zöller-ZPO/*Vollkommer*, § 325 Rn. 45; Musielak-ZPO/*Musielak*, § 325 Rn. 24; Saenger-ZPO/*Saenger*, § 325 Rn 32; Wieczorek/Schütze/*Büscher*, § 325 Rn. 109; *Scholz-Mantel*, Rechtsnachfolger, 13. Kap., III 2 (S. 263b); *Lüke*, ZPO, Rn. 176; *Zeiss*, Zivilprozessrecht, § 72 II 3; *Arens*, Zivilprozessrecht, Rn. 369; *Blomeyer*, Zivilprozessrecht, § 92 III a); *Schellhammer*, Zivilprozess, Rn. 870; *Zimmermann*, ZPO, § 325 Rn. 11.

397 RGZ 88, 267 (268); BGHZ 4, 283 (284); BGH, BB 1991, 1517 (1518) (= BGHZ 114, 305 ff.); BGH, Urt. v. 30.10.2001 – VI ZR 127/00, juris: Rn. 13; BGH, Beschl. v. 7.3.2013 – V ZB 83/12, juris: Rn. 10; OLG *Schleswig-Holstein*, Beschl. v. 26.5.1994–2 W 40/94, juris: Rn. 7; OLG *Schleswig-Holstein*, Urt. v. 15.6.1995–12 UF 2/95, juris: Rn. 26; KG *Berlin*, Beschl. v. 20.12.2012–1 W 335/12, juris: Rn. 2.

398 Vgl. Materialien bei *Dahlmanns,* §§ 215–217 (S. 308 f.).

lassen, was mit den Motiven zu § 238 Satz 1 CPO übereinstimmt. Diese Motive bleiben auch weiterhin maßgeblich, da durch § 293c Abs. 1 CPO-1898 bzw. § 325 Abs. 2 ZPO am Inhalt des § 238 Satz 1 CPO nichts geändert werden sollte.[399]

1. Historische und teleologische Auslegung

Die Motive sprechen eine eindeutige Sprache. Sollte an dem Inhalt des § 238 Satz 1 CPO nichts geändert werden, so ist die Anwendung dieser Vorgängernorm bei der Auslegung ein relevanter Gesichtspunkt. Dessen Inhalt und seine Anwendung waren zu seiner Zeit unstreitig. § 238 Satz 1 CPO erforderte lediglich das (konkrete) Vorliegen eines Erwerbs vom Nichtberechtigten, um die Wirkung der subjektiven Rechtskrafterstreckung auf den Rechtsnachfolger auszuschließen („kommen nicht zur Anwendung, als ihnen Vorschriften [...] entgegenstehen"). Das „Entgegenstehen" des § 238 Satz 1 CPO setzt sprachlich jedoch ein aktives Moment, nämlich die tatsächliche Einschlägigkeit eben dieser Vorschriften voraus. Die Materialien zu § 238 Satz 1 CPO unterstreichen diesen Norminhalt: Dem Erwerber darf die Streitbefangenheit des Gegenstands nicht entgegenstehen, *„soweit es nach den Vorschriften für den rechtsgültigen, wirksamen Erwerb beweglicher oder unbeweglicher Sachen auf einen Mangel in dem Rechte des Auktors nicht ankommt"*[400]. Der redliche Erwerb im materiellen Recht soll nicht durch die Rechtshängigkeit oder Rechtskraft gehindert werden oder anders gesagt, der Schutz des redlichen Erwerbers aus dem materiellen Recht wird in das Prozessrecht „verlängert", um Widersprüche[401] zu vermeiden. Damit ein Schutz aber *verlängert* werden kann, muss denklogisch zuvor ein solcher Schutz überhaupt gewährt worden sein.

Die Schlussfolgerung, dass damit nur die Fälle des konkreten Erwerbs vom Nichtberechtigten von § 325 Abs. 2 ZPO erfasst sein sollen, ist hiermit aus historischer Sicht jedoch noch nicht zwingend. Zwar war der § 238 Satz 1 CPO erkennbar nur Fälle des Erwerbs vom Nichtberechtigten vorgesehen. Jedoch wäre es denkbar, dass der Gesetzgeber aufgrund eines anderen

399 Siehe oben; Mat. CPO-Novelle 1898, S. 147.

400 Materialien bei *Dahlmanns*, §§ 215–217 (S. 308 f.).

401 Zum Beispiel im Falle einer Leistungsklage auf Herausgabe: Rechtserwerb auf materiell-rechtlicher Seite, aber Herausgabepflicht auf prozessualer Seite.

Verständnisses von dem Umfang der materiellen Rechtskraft als heute ausgegangen ist und sich infolgedessen aus seiner Sicht die Rechtslage oder jedenfalls deren Tragweite anders darstellte. Nach dem heutigen Verständnis erwächst nur der Urteilstenor in Rechtskraft, wobei der Tatbestand und die Entscheidungsgründe lediglich zur Bestimmung des Streitgegenstands herangezogen werden können, jedoch nicht in Rechtskraft erwachsen.[402] Das war im 19. Jahrhundert aber keine Selbstverständlichkeit. So wurde in den Gebieten, in denen der gemeine Prozess Anwendung fand, darum gestritten[403] ob nur der Urteilstenor oder auch die objektiven Entscheidungsgründe in Rechtskraft erwachsen. Im preußischen Recht erwuchsen aufgrund Teil 1 Tit. 13 § 38 Preuß-GO[404] die Urteilsgründe nicht in Rechtskraft.[405] In der französischen Praxis erwuchs ebenfalls nur der Tenor (*dispositif de judgement*) in Rechtskraft, jedoch wurde der Umfang des Tenors wiederum durch den Inhalt der *conclusions motivées* bestimmt.[406]

Unterstellt, dass der Gesetzgeber bei der Schaffung der CPO davon ausging, dass auch die Entscheidungsgründe in Rechtskraft erwachsen, so konnte es im Rahmen der §§ 236, 238 CPO lediglich den Fall des Erwerbs vom Nichtberechtigten geben. Denn der Rechtsnachfolger war nur auf den Schutz des § 238 Satz 1 CPO angewiesen, wenn gegen dessen Rechtsvorgänger ein ungünstiges Urteil erging. In diesem Fall wäre aber auch rechtskräftig darüber entschieden worden, dass der Rechtsvorgänger insoweit Nichtberechtigter war. Nach § 236 Abs. 3 CPO wäre das Urteil (einschließlich der Entscheidungsgründe) gegen den Rechtsnachfolger wirksam. Konnte es nach der Vorstellung des Gesetzgebers also gar keinen

---

402 Statt aller Zöller-ZPO/*Vollkommer*, Vorb. zu 322 Rn. 31.

403 Etwa *Unger*, System II, § 132 (S. 621), *Wetzell*, Civilprocess, § 47 (S. 593 ff.) (nur Urteilstenor); **a.A.** etwa *Savigny*, System VI, § 291 (S. 359 f.) (auch Entscheidungsgründe).

404 Teil 1 Tit. 13 § 38 Preuß-GO: „*Die Kollegia und Urtelsfasser müssen sorgfältig Acht geben, daß überall die wirkliche Entscheidung und deren Gründe deutlich von einander unterschieden, und nicht etwas, das zu der erstern gehört, in die letztern, noch auch umgekehrt, mit eingemischt werde: indem bloße Entscheidungsgründe niemals die Kraft eines Urtels haben sollen.*"

405 *Struckmann/Koch*, CPO dt. Reich, § 293, 2) (S. 251).

406 *Struckmann/Koch*, CPO dt. Reich, § 293, 2) (S. 252); *Zachariä von Lingenthal*, Hdb. franz. CivilR IV, § 769 Fn. 3 (S. 597).

Erwerb vom Berechtigten geben, so könnten aus dem Umstand, dass der Fall nicht geregelt werden sollte, keine Schlussfolgerungen gezogen werden.

Unzweifelhaft war sich der Gesetzgeber bei der Schaffung der §§ 236, 238 CPO des Umstands, dass die Entscheidungsgründe eines Urteils nicht in Rechtskraft erwachsen sollten, bewusst. Bereits in § 340 Abs. 2 CPO-NDE[407] hatte man sich gegen eine Einbeziehung ausgesprochen. Das wird durch die Rechtsfolge der Nebenintervention bestätigt, welche die Bindung eines Dritten an die Entscheidungsgründe erst herbeiführen sollte (§ 65 CPO bzw. § 68 ZPO). Es wäre allenfalls denkbar, dass sich der Gesetzgeber bei der Schaffung des § 238 Satz 1 CPO – möglicherweise aufgrund der herrschenden Kontroverse – über dessen Tragweite, den Erwerb vom Nichtberechtigten unter Umständen mehr zu schützen als den Erwerb vom Berechtigten, nicht bewusst war.

Im Beispiel 1[408] etwa hätte das zur Folge, dass der Kläger K das Urteil nach Klauselumschreibung (§ 727 ZPO) auch gegen den Rechtsnachfolger D vollstrecken könnte. D erwarb das Gemälde vom Berechtigten, und somit findet § 325 Abs. 2 ZPO hier keine Anwendung. Wäre aber K Eigentümer des Gemäldes gewesen, so hätte B als Nichtberechtigter veräußert und D wäre gleichwohl nach §§ 929, 932 BGB Eigentümer geworden, müsste aber das ungünstige Urteil nicht gegen sich gelten lassen. Die Schutzbedürftigkeit des D wäre jedoch keinesfalls geringer, nur weil er vom Berechtigten erwirbt. Im Gegenteil erscheint es sogar kontraintuitiv, denjenigen „mehr" zu schützen, der von einem Nichtberechtigten erwirbt, als jemanden, der direkt vom Eigentümer erwirbt.

Dieser Gedankengang ist allerdings ergebnisorientiert geleitet und übersieht dabei den eigentlichen Sinn der diese Konsequenz auslösenden Vorschrift. Selbstverständlich sucht § 325 Abs. 2 ZPO nicht den Rechtsnachfolger davon abhängig machend zu schützen, ob dieser vom Berechtigten oder Nichtberechtigten erworben hat. Bei § 325 Abs. 2 ZPO geht es um den Schutz eines bestimmten Rechtsinstituts und nicht bestimmter

---

407 § 340 Abs. 2 CPO-NDE: „*Entscheidungsgründe sind der Rechtskraft nicht fähig, unbeschadet ihrer Bedeutung für die Feststellung des Sinnes und des Umfanges der Entscheidung.*"

408 Siehe oben S. 4.

Personen, jedenfalls nicht unmittelbar.[409] Das widersinnige Ergebnis, dass der Erwerb vom Nichtberechtigten mehr geschützt wird als der vom Berechtigten, ist lediglich die mittelbare Folge des für das Rechtsinstitut *Erwerb vom Nichtberechtigten* gedachten Schutzes. Anknüpfungspunkt bei der Beurteilung, ob die Regelung mit ihrem hier zugrunde gelegten Verständnis Sinn ergibt, darf also nicht die Schutzbedürftigkeit des Rechtsnachfolgers sein, sondern lediglich die „Schutzbedürftigkeit" des Rechtsinstituts, welche nur im Falle des Erwerbs vom Nichtberechtigten gegeben ist.

Dafür, dass sich der Gesetzgeber bei der Schaffen der §§ 236, 238 CPO über die Tragweite seiner Entscheidung nicht bewusst war, lassen sich, außer der paradoxen Situation selbst, keine Anhaltspunkte finden. Hinzu kommt, dass eine Korrektur dahingehend, den Anwendungsbereich des § 238 Satz 1 CPO auf den Erwerb vom Berechtigten zu erstrecken, das Gesamtbild sogar noch „unstimmiger" erscheinen ließe: § 236 Abs. 3 CPO sollte der Grundsatz sein und nur in ganz besonderen Fällen sollte § 238 Satz 1 ZPO hierzu eine Ausnahme bilden.[410] Würde sich die Rechtskraft eines Urteils jedoch sowohl im Falle eines Erwerbs vom Berechtigten als auch im Falle eines konkreten Erwerbs vom Nichtberechtigten nicht auf den Rechtsnachfolger erstrecken (§ 238 Satz 1 CPO), so bliebe für den Anwendungsbereich des Grundsatzes (§ 236 Abs. 3 CPO) lediglich der Fall des gescheiterten Erwerbs vom Nichtberechtigten. Das würde das Regel-Ausnahme-Verhältnis der beiden Normen umkehren, was jedenfalls ersichtlich nicht gewollt war. Daher ist es, selbst bei Unterstellung, der Gesetzgeber habe die Tragweite seiner Entscheidung nicht zutreffend eingeschätzt, überzeugender, dass der Erwerb vom Berechtigten nicht vom Anwendungsbereich des § 238 Satz 1 CPO erfasst wird.

Da sich an dem Zweck des früheren § 238 Satz 1 CPO und seinen Nachfolgenormen nichts mehr geändert hat, sind jedenfalls jene Ansichten widerlegt, welche einen bloß *abstrakten* Erwerb vom Nichtberechtigten

---

409 Letztlich geht es hierbei natürlich auch um den Schutz bestimmter Personen, da § 325 Abs. 2 ZPO das Rechtsinstitut des Erwerbs vom Nichtberechtigten schützt, welches wiederum den Rechtsverkehr und damit alle potentiellen Erwerber schützt.

410 Vgl. Systematik der §§ 236, 238 CPO; ferner Materialien bei *Dahlmanns*, §§ 215–217 (S. 308 f.).

genügen lassen, also die bloße Existenz von Redlichkeitsvorschriften ohne deren konkrete Relevanz im zu beurteilenden Fall. Daraus folgt auch die Unanwendbarkeit der Norm auf Fälle des Erwerbs vom Berechtigten. Erforderlich war, dass ein Erwerb vom Nichtberechtigten stattgefunden hat, und erst im Anschluss daran suchte § 238 Satz 1 CPO den im materiellen Recht gewährten Schutz im Prozessrecht konsequent fortzuführen. Hierzu passt auch die Feststellung der Kommission des norddeutschen Entwurfs, dass für den Ausschluss der subjektiven Rechtskrafterstreckung nach § 202 Satz 1 CPO-NDE die Kenntnis des Erwerbers von der Rechtshängigkeit nicht notwendig entgegenstehe.[411] Vielmehr war nach dieser Feststellung die materiell-rechtliche Gutgläubigkeit allein entscheidend, welche im Einzelfall durch die Kenntnis der Rechtshängigkeit selbstverständlich beeinflusst werden konnte. Dass dieses Verständnis von den Tatbestandsvoraussetzungen auch für § 238 Satz 1 CPO zugrunde gelegt wurde, ergibt sich aus dem Verweis in den Materialien zur CPO, welche ihrerseits das Verständnis des § 202 CPO-NDE zugrunde legten.[412] Von Redlichkeit hinsichtlich fehlender Rechtshängigkeit oder Rechtskraft ist indes nirgendwo die Rede. Jedenfalls unter dem Regime des § 238 Satz 1 CPO gab es daher kein Erfordernis prozessualer Redlichkeit. Gemeinsam mit den Motiven zur CPO-Novelle 1898 ergibt die historische Auslegung, dass es auch bei § 325 Abs. 2 ZPO nicht auf prozessuale Redlichkeit ankommt. Der Zweck der Norm, Widersprüche zwischen materiellem Recht und Prozessrecht zu verhindern, spricht gegen die Anwendung der Norm auf einen Erwerb vom Berechtigten.

2. Auslegung nach dem Wortlaut

Die Erwägung, dass es bei § 325 Abs. 2 ZPO nicht allein auf das Vorliegen eines Erwerbs vom Nichtberechtigten ankommt, hat ihren Ursprung in der Fassung des § 293c Abs. 2 CPO-1898 und der Folgenorm § 325 Abs. 2 ZPO, indem die Vorschriften des bürgerlichen Rechts zu Gunsten derjenigen, welche Rechte von einem Nichtberechtigten herleiten, entsprechende Anwendung finden bzw. entsprechend gelten sollen. Wenngleich nach den Materialien durch diese Neufassung sachlich nichts

411 Nordd. Prot. II, S. 776.
412 Materialien bei *Hahn/Mugdan*, § 230 (S. 262).

geändert werden sollte und sich der geänderte Wortlaut auch schlicht mit der Anpassung der Reichszivilprozessordnung an das Bürgerliche Gesetzbuch erklären ließe, könnte der neue Wortlaut dennoch in eine andere Richtung ausgelegt werden:

Der unbefangene Leser wird im Vergleich des Wortlauts und ohne Kenntnis der gesetzgeberischen Absicht einen sprachlichen Unterschied feststellen. Die neugefassten Vorschriften über den Erwerb vom Nichtberechtigten sind nämlich im Zusammenhang mit der subjektiven Rechtskrafterstreckung entsprechend *anzuwenden*, sie *gelten entsprechend*. Das ist sprachlich mehr als ein lediglich ungehinderter Geltungsanspruch der Vorschriften über den Erwerb vom Nichtberechtigten durch bloßes Nicht-*Entgegenstehen* wie es § 238 Satz 1 CPO sprachlich noch vorsah. Knüpft dieser Leser nun Folgen an diesen sprachlichen Unterschied, so wird er wohl nicht mehr davon ausgehen, dass lediglich das Vorliegen eines konkreten Erwerbs vom Nichtberechtigten automatisch auch die subjektive Rechtskrafterstreckung eines Urteils auf den Rechtsnachfolger ausschließt. Verlangt § 293c Abs. 2 CPO-1898 bzw. § 325 Abs. 2 ZPO ein „sprachliches Mehr", so stellt sich nur noch die Frage welcher Gestalt. Die *entsprechende* Anwendung bzw. Geltung der Vorschriften über den Erwerb vom Nichtberechtigten deutet auf eine gewisse zu erbringende Transferleistung hin.

Freilich sagt die Norm nicht ausdrücklich, worin sie besteht, und lässt es mit ihrem Wortlaut lediglich dabei bewenden, dass eine solche Transferleistung (wohl) stattzufinden hat.

Unterstellt man aber, dass § 325 Abs. 2 ZPO eine den Vorschriften über den Erwerb vom Nichtberechtigten *entsprechende* Vorschrift darstellt, so hieße das Folgendes: Wenn die Vorschriften des BGB zugunsten derer, welche Rechte von einem Nichtberechtigten herleiten, den Rechtsverkehr schützen, soweit der Rechtsverkehr vom Fehlen des für ihn ungünstigen Umstands der *Nichtberechtigung* ausgeht (Redlichkeit), er auch davon ausgehen durfte (Rechtsschein) und dem durch diese Schutzvorschriften Benachteiligten ein Vorwurf gemacht werden kann (Zurechenbarkeit des Rechtsscheins), dann schützt § 325 Abs. 2 ZPO den Rechtsverkehr soweit er vom Fehlen des für ihn ungünstigen Umstands der *Rechtshängigkeit* ausgeht (Redlichkeit) und er auch in einer dem Benachteiligten zurechenbaren Art und Weise davon ausgehen durfte (Rechtsschein und dessen Zurechenbarkeit).

Die hier vorgenommene Substitution von dem Anknüpfungspunkt des Schutzes, Nichtberechtigung durch Rechtshängigkeit, und der Redlichkeit, materiell-rechtliche durch prozessrechtliche, wäre die Konsequenz einer aus § 325 Abs. 2 ZPO zu fordernden Transferleistung aufgrund *entsprechender* Anwendung bzw. Geltung. Es ist damit nicht verwunderlich, dass die ursprüngliche Ansicht, welche einen konkreten Erwerb vom Nichtberechtigten (unabhängig von prozessualer Redlichkeit) für notwendig und auch hinreichend hielt, um die Rechtskrafterstreckung auf den Rechtsnachfolger zu verhindern, zu Zeiten der §§ 236, 238 CPO häufig[413] vertreten wurde und dies mit dem geänderten Wortlaut abnahm.

3. Systematische Auslegung

Damit ist jedoch noch nicht geklärt, woher das heutzutage vielfach postulierte Erfordernis prozessualer Redlichkeit stammt. Das wird, soweit ersichtlich, auch nirgendwo begründet. Vielmehr wird an einer die prozessuale Redlichkeit voraussetzenden Ansicht angeknüpft und nunmehr lediglich darüber diskutiert, welche sonstigen Voraussetzungen erforderlich sind und welche Rechtsfolgen sich an ihr Fehlen knüpfen. Erstmals tauchte die Idee der prozessualen Redlichkeit wohl in den Materialien zu § 293c CPO-1898 auf: „*Soweit hiernach* [gemeint waren die §§ 892, 893, 932 ff., 1032, 1138, 1208, 1242, 2366 BGB, §§ 366, 367 HGB] *der gutgläubige Erwerber gegen einen Mangel im Rechte seines Vorgängers geschützt ist, braucht er auch das Urtheil nicht gegen sich gelten zu lassen. Betrifft jedoch das Urtheil einen Anspruch aus einer eingetragenen Reallast, Hypothek, Grundschuld oder Rentenschuld, so soll es nach* Abs. 3 Satz 1 *im Falle einer Veräußerung des belasteten Grundstücks in Ansehung des Grundstücks gegen den Rechtsnachfolger auch dann wirken, wenn dieser zur Zeit seines Erwerbes im guten Glauben war, d. h. die Rechtshängigkeit nicht gekannt hat.*“[414]

---

413 Mat. CPO-Novelle 1898, S. 154; Materialien bei *Hahn/Mugdan*, § 230 (S. 262) (unter Verweis auf Nordd. Prot. II); Nordd. Prot. II, S. 776; *Endemann*, Dt. Civilprozess II, § 238, 3 (S. 29); *Gaupp*, CPO, § 238, 3 (S. 476); *Struckmann/Koch*, CPO dt. Reich, § 238, 1) (S. 196); *Olshausen* bezeichnet die Ansicht als früher „offenbar herrschend“, JZ 1988, 584 (586).

414 Mat. CPO-Novelle 1898, S. 154.

Dieser Teil der Materialien wirft mindestens ebenso viele Fragen auf, wie er beantwortet. Durch den ersten Satz der hier zitierten Gesetzesbegründung wird erneut deutlich gemacht, dass das Vorliegen eines konkreten Erwerbs vom Nichtberechtigten erforderlich ist, zugleich aber auch als hinreichend angesehen wird, um dem Rechtsnachfolger die Vorteile des § 293c Abs. 2 CPO-1898 (§ 325 Abs. 2 ZPO) zukommen zu lassen. Entscheidend ist allein materiell-rechtliche Redlichkeit. Bedenken bereitet hingegen der zweite Satz, welcher sich auf § 293c Abs. 3 Satz 1 CPO-1898 (§ 325 Abs. 3 Satz 1 ZPO) bezieht, indem hier der gute Glaube, wie selbstverständlich, als Unkenntnis der Rechtshängigkeit definiert wird. Aus dem Kontext war hier stets die Rede vom materiell-rechtlichen guten Glauben. Um diesen geht es im zweiten Satz aber offenbar nicht mehr, da dieser an die Kenntnis der Rechtshängigkeit anknüpft.

a) Wortlaut

Die in den Gesetzesmaterialien zu § 293c Abs. 3 Satz 1 CPO-1898 aufgeworfenen Fragen setzen sich im Wortlaut der Norm fort. Das bereitet insbesondere über die systematische Stellung zu dem in dieser Arbeit untersuchten Absatz 2 Schwierigkeiten. Wenngleich nämlich auch die Materialien zu § 293c Abs. 2 CPO-1898 und dem Bezugspunkt der Redlichkeit keine ausdrückliche Stellung nehmen, so macht die Formulierung in Absatz 3 Satz 1 bei erstmaligem und unbefangenem Lesen in der Tat den Eindruck, als müsse für einen „rechtshängigkeitsfreien" Erwerb nach Absatz 2 neben der materiell-rechtlichen Redlichkeit auch die prozessuale Redlichkeit vorliegen. Das liegt daran, dass sich der Wortlaut des Absatzes 3 Satz 1 wie eine Ausnahmevorschrift liest, indem ein Sachverhalt geschildert wird, bei dessen Vorliegen ein Urteil „*in Ansehung des Grundstücks gegen den Rechtsnachfolger auch dann* [wirkt], *wenn dieser die Rechtshängigkeit nicht gekannt hat*". Stellt der Absatz 3 Satz 1 aber tatsächlich einen Ausnahmefall dar, so hieße das, dass die Kenntnis der Rechtshängigkeit ein im Grundsatz relevanter Faktor für die subjektive Rechtskrafterstreckung und mithin für die voranstehenden Absätze wäre. Jedenfalls wäre das eine Möglichkeit, den als Ausnahme formulierten Halbsatz plausibel zu erklären.

b) *Systematik des § 325 Abs. 3 Satz 1 ZPO*

Im Allgemeinen erscheint die Bedeutung des § 293c Abs. 3 Satz 1 CPO-1898, in dessen Zusammenhang die prozessuale Redlichkeit in den Materialien definiert wurde, fraglich, regelt die Norm doch einen Fall, den es nicht geben dürfte. Sie setzt einerseits ein im Grundbuch eingetragenes Recht und andererseits eine Rechtsnachfolge im Eigentum des belasteten Grundstücks voraus und bestimmt, dass sich die subjektive Rechtskraft aus einem Rechtsstreit um das eingetragene Recht auch auf diesen Rechtsnachfolger erstreckt. Nach bisher konstituiertem Erfordernis eines konkreten Erwerbs vom Nichtberechtigten könnte der in Abs. 3 Satz 1 geregelte Fall keinerlei Relevanz haben, würde doch der Rechtsnachfolger aufgrund der Eintragung im Grundbuch ohnehin nicht lastenfrei erwerben können (vgl. § 892 Abs. 1 BGB) und der Erwerb vom Berechtigten nicht in den Anwendungsbereich der Norm fallen. Damit bliebe es beim Grundsatz der Rechtskrafterstreckung auf den Rechtsnachfolger gemäß Abs. 1. Klarzustellen, dass diese auch dann wirkt, wenn der Erwerber prozessuale Redlichkeit aufweist, wäre überflüssig. Davon ausgehend, dass der Gesetzgeber nichts Überflüssiges regeln wollte, bietet sich Abs. 3 Satz 1 als hervorragendes systematisches Argument für jene Ansichten an, welche einen abstrakten Erwerb vom Nichtberechtigten genügen lassen und somit den Erwerb vom Berechtigten in den Anwendungsbereich des § 325 Abs. 2 ZPO aufnehmen. Dann erst wäre nämlich die prozessuale Redlichkeit des Erwerbers relevant, bei ihrem Vorliegen wären die Voraussetzungen des Absatzes 2 erfüllt und es griffe für den Fall der eingetragenen Grundstücksbelastung die Rückausnahme des Absatzes 3 Satz 1 ein, welche diese Redlichkeit – nun ausnahmsweise – nicht genügen ließe. Freilich berufen sich jene Ansichten, welche einen konkreten Erwerb vom Nichtberechtigten für den Tatbestand des § 325 Abs. 2 ZPO fordern, auf die (lediglich) *klarstellende* Funktion des § 325 Abs. 3 Satz 1 ZPO.[415]

Hier scheint es jedoch so, als hätte der Gesetzgeber den Fall vor Augen gehabt, dass der Erwerber nicht frei von Grundstücksbelastungen (und

415 Vgl. etwa MüKo-ZPO/*Gottwald*, § 325 Rn. 106; Stein/Jonas/*Leipold*, ZPO, § 325 Rn. 46; Prütting/Gehrlein/*Völzmann-Stickelbrock*, ZPO, § 325 Rn. 57; Saenger-ZPO/*Saenger*, § 325 Rn 33; Wieczorek/Schütze/*Büscher*, § 325 Rn. 117.

damit nach Absatz 2 oder Absatz 3 Satz 1 frei von Rechtshängigkeit oder Rechtskraft) erwerben will – das könnte er wie oben aufgezeigt ohnehin nicht – sondern nur frei von Folgen eines aktuell über das Recht stattfindenden Verfahrens, ohne dass dieser Freiheit materiell-rechtliche Vorschriften zum Schutze des Rechtsverkehrs entsprechen müssten. Denn die Vorschrift wird damit gerechtfertigt, dass dem Realgläubiger die *Verfolgung* seines Rechts nicht erschwert werden dürfe.[416] Es geht nicht um das *Bestehen* des Rechts überhaupt. So passt auch die darauf folgende Erklärung ins Bild, dass der Schuldner auf der anderen Seite dadurch auch nicht benachteiligt würde, da er das Recht aus dem Grundbuch ersehen konnte und daher mit der Möglichkeit eines anhängigen Rechtsstreits rechnen musste.[417] Die Rechtfertigung des Inhalts des § 293c Abs. 3 Satz 1 CPO-1898 (325 Abs. 3 Satz 1 ZPO) geht an keiner Stelle von einem potentiell lastenfreien Erwerb des im Streite befangenen Grundstücks aus, dessen Schutzgedanke ins Prozessrecht übertragen werden müsste, wie es sich aus den Motiven zu § 293c Abs. 2 CPO-1898 (325 Abs. 2 ZPO) ergibt. Denn der scheinbare Widerspruch von Absatz 2 zu Absatz 3 Satz 1 folgt letztlich aus der Vorstellung, den Schutzgedanken des lastenfreien Erwerbs von Grundstücken durchzuhalten, was aufgrund der Eintragung im Grundbuch überhaupt nicht notwendig ist, weil keiner stattfinden kann. Steht es aber fest, dass ein Redlichkeitserwerb und mithin die Anwendung des Absatzes 2 ohnehin ausscheiden, so kann der Inhalt des Absatzes 3 Satz 1 nur noch in folgende Richtung gehend verstanden werden: Es gilt das in Absatz 1 und 2 Gesagte und nicht einmal prozessuale Redlichkeit kann hieran etwas ändern. Ebenso hätte der Gesetzgeber klarstellen können: Betrifft das Urteil einen Anspruch aus dem Eigentum an einer abhandengekommenen beweglichen Sache, so wirkt es im Falle einer Veräußerung dieser Sache gegen den Rechtsnachfolger auch dann, wenn dieser die Rechtshängigkeit nicht gekannt hat.[418] Auch hier ergäbe bereits die Subsumtion unter die vorherigen Absätze dieselbe Rechtsfolge. Jedoch ist diese hypothetische Klarstellung etwas trivialer als

416 Vgl. Mat. CPO-Novelle 1898, S. 154.

417 Vgl. Mat. CPO-Novelle 1898, S. 154.

418 Dabei ist es irrelevant, dass durch die tatsächliche Regelung mit der Eintragung im Grundbuch der Rechtsschein fehlt, in der hypothetischen Regelung aber auf die Zurechenbarkeit des Rechtsscheins verzichtet wird.

die tatsächliche des § 293c Abs. 3 Satz 1 CPO-1898. Denn es ginge stets um das Eigentumsrecht und die Folgen einer Übertragung für den rechtshängigen Prozess. Im tatsächlich geregelten Fall geht es nicht nur um das Eigentumsrecht, sondern um ein daraus abgespaltenes beschränktes dingliches Recht, der Grundstücksbelastung. So ließe sich erklären, weshalb der Gesetzgeber den komplexeren Fall der eingetragenen Grundstücksbelastung zur Klarstellung gewählt hat. Insbesondere der Zweck der Norm (dazu sogleich) macht deutlich, weshalb gerade dieser Fall aus Sicht des Gesetzgebers Klarstellung verdient hat.

c) Genese und Telos des § 325 Abs. 3 Satz 1 ZPO

Die Materialien[419] weisen darauf hin, dass die Vorschrift dem preußischen § 44 GEG von 1872 nachgebildet ist: *„Der Antrag auf Zwangsvollstreckung und Zwangsversteigerung ist auch dann zulässig, wenn seit der Zustellung der Klage ein Wechsel in der Person des Eigenthümers des Grundstücks eingetreten ist.“*

Diese Regelung wurde erst zu einem relativ späten Zeitpunkt des preußischen Rechts eingeführt. Ihr gingen bis dahin lediglich folgende, im Zusammenhang zu sehende Vorschriften voraus:

> Teil 1 Tit. 24 § 9 Preuß-GO
> *„Wenn jemand einen im Streite befangenen Gegenstand erst nach der Zeit, da dem bisherigen Inhaber die gerichtliche Vorladung zugestellt worden, durch Kauf, Tausch, Cession, Schenkung, oder auf andere Art erhalten hat, so muß er sich demjenigen unterwerfen, was darüber in dem rechtshängigen Prozesse entschieden wird, wenn er auch bey diesem Prozesse nicht zugezogen worden.“*
>
> Teil 1 Tit. 11 § 384 ALR
> *„Durch die Cession einer rechtshängigen Sache wird weder in Ansehung des Gerichtsstandes, noch der Lage des Prozesses selbst etwas geändert.“*

Diese Vorschriften sollten unstreitig auch für Fälle Anwendung finden, in denen zwar nicht der streitige Gegenstand selbst, sondern ein zur Sicherheit bestelltes Pfand vom Schuldner während des Vollstreckungsverfahrens veräußert wurde.[420] Grund für die Einführung des § 44 GEG war die Klärung

419 Vgl. Mat. CPO-Novelle 1898, S. 154.
420 *Koch*, ALR I, Teil 1 Tit. 11 § 384, Fn. 9 (S. 825); *ders.*, Prozeß-Ordnung, § 9 (I 24), Fn. 19 (S. 661).

eines bis dahin bestehenden Streitstands: Problematisch war der Fall der Rechtsnachfolge, nachdem wegen einer bloß schuldrechtlichen Forderung geklagt wurde, welche dann auf das Grundstück des Schuldners in Form einer Sicherungshypothek eingetragen wurde. Auch gegen den Rechtsnachfolger des Grundstücks sollte die Vollstreckung des vorangegangenen Urteils nach Ansicht des Justizministers *Mühler* in einem Beschluss vom 3. Juli 1839 ohne neues Verfahren stattfinden können, solange sich die Vollstreckung noch innerhalb der vorgeschriebenen Frist befand.[421] Dem stimmte auch das Königliche Obertribunal zu: „*Der spätere Erwerber eines Grundstücks, auf welchem eine judicatmäßige Forderung im Wege der Exekution eingetragen ist, muß sich, sofern die Exekution aus dem betreffenden Erkenntnisse überhaupt noch zulässig ist, auch die Subhastation jenes Grundstücks gefallen lassen, und kann namentlich nicht verlangen, daß die gedachte Forderung noch einmal gegen ihn besonders eingeklagt werde.*“[422]

Dogmatisch war dieser Ansatz höchst zweifelhaft und daher im Einzelnen auch umstritten,[423] wurde doch lediglich ein Anspruch aus einem *persönlichen* Schuldverhältnis tituliert und somit der Weg zur Vollstreckung bereitet. Mit diesem Schuldverhältnis hatte der Rechtsnachfolger nichts zu tun. Auch Teil 1 Tit. 11 §§ 384 ALR, Teil 1 Tit. 24 § 9 Preuß-GO änderten hieran nichts, da sie einen streitbefangenen Gegenstand erforderten. Gegenstand der persönlichen Forderung, für welche bereits ein Titel erstritten wurde, war jedoch nicht das Grundstück. Auch durch die Bestellung einer Sicherungshypothek in Folge der titulierten (persönlichen) Forderung wurde das Grundstück nicht im Streit befangen. Vielmehr handelte es sich insoweit um ein willkürliches Pfand. Erst der aus der Sicherungshypothek folgende Anspruch gewährte dem Gläubiger ein dingliches Verfolgungsrecht (auch) gegen den Rechtsnachfolger. Diesem fehlte es jedoch am Vollstreckungstitel.[424] Der 1872 eingeführte § 44 GEG sollte diese Kontroverse

421 Justiz-Ministerial-Blatt v. 19. Juli 1839, S. 247; *Koch*, ALR I, Teil 1 Tit. 11 § 384, Fn. 9 (S. 825); *ders.*, Prozeß-Ordnung, § 9 (I 24), Fn. 19 (S. 661).

422 Entsch. Obertr. II, Bd. X, Nr. 27 (S. 212); *Koch*, ALR I, Teil 1 Tit. 11 § 384, Fn. 9 (S. 825).

423 Vgl. *Koch*, ALR I, Teil 1 Tit. 11 § 384, Fn. 9 (S. 825).

424 *Koch*, ALR I, Teil 1 Tit. 11 § 384, Fn. 9 (S. 825); so auch der Vortrag des Beschwerdeführers in Entsch. Obertr. II, Bd. X, Nr. 27 (S. 215).

entscheiden.[425] Auch wenn gegen den Rechtsnachfolger, entsprechend oben Gesagtem, weder ein Titel vorlag, noch der Gegenstand seiner Rechtsnachfolge streitbefangen war, sollte die Zwangsvollstreckung ohne weiteres Verfahren möglich sein.

d) Bedeutung für § 325 Abs. 2 ZPO

Nachdem nunmehr die Bedeutung und Funktion des § 44 GEG geklärt wurden, stellt sich die Frage, inwiefern § 293c Abs. 3 Satz 1 CPO-1898 (325 Abs. 3 Satz 1 ZPO) diesem „nachgebildet" wurde. Tatsächlich wurde ein komplett anderer Fall geregelt, nämlich einer, bei welchem ein Titel für einen dinglichen Anspruch vorliegt. Dass aber der titulierte dingliche Anspruch auch gegen den Rechtsnachfolger vollstreckt werden konnte, ergab sich bereits aus Teil 1 Tit. 24 § 9 Preuß-GO bzw. ergibt sich heute aus § 325 Abs. 1 ZPO. Welche Vorstellung dem Gesetzgeber an dieser Stelle vorschwebte, sei einmal dahingestellt und insoweit sei auf das eigentliche Thema wieder Bezug genommen. Der Gesetzgeber wollte weder eine Aussage zur Anwendbarkeit der Absätze 1 und 2 des § 293c CPO-1898 auf Fälle eines Erwerbs vom Berechtigten treffen, noch wollte er den Bezugspunkt der Redlichkeit konkretisieren oder modifizieren und vor dem (vereinzelt fraglichen)[426] Hintergrund der Norm lässt sich eine Aussage dazu auch nicht herleiten.

Die Vorinstanz bei oben genannter Reichsgerichtsentscheidung[427] nahm an, dass es bei § 325 Abs. 2 ZPO alleine auf die prozessuale Redlichkeit ankomme. Das Berufungsgericht argumentierte, dass die Vorschriften des bürgerlichen Rechts zugunsten jener, welche Rechte von einem Nichtberechtigten herleiten, hier also § 892 BGB, entsprechende Anwendung fänden

---

425 *Bahlmann*, Grundbuchrecht, § 44 Fn. 175.

426 Sollte die Norm tatsächlich in irgendeiner Form die Grundsätze des § 44 GEG in das Recht der ZPO übertragen, so ist weiterhin fraglich, weshalb bis zum 1. Januar 1999 mit Einfügen des § 867 Abs. 3 ZPO neben dem Titel für die persönliche Forderung und die darauffolgende Eintragung einer Zwangshypothek auch ein dinglicher Titel erforderlich war, um am Zwangsversteigerungsverfahren in der Rangklasse des § 10 Abs. 1 Nr. 4 ZVG teilzunehmen, vgl. MüKo-BGB/*Eickmann*, § 1147 Rn. 8. Diese Aufgabe wäre nämlich bereits § 44 GEG zugefallen.

427 RGZ 79, 165.

und sich aus § 325 Abs. 3 Satz 1 ZPO ergäbe, dass die Kenntnis von der Unrichtigkeit des Grundbuchs durch die Kenntnis der Rechtshängigkeit ersetzt werde.[428] Dass diese Folgerung aus § 325 Abs. 3 Satz 1 ZPO nicht gezogen werden kann, ergibt sich bereits aus der oben dargestellten Genese des § 325 Abs. 2 ZPO und seinem Zweck, Widersprüche zwischen dem vom BGB gewährten Schutz durch einen Erwerb vom Nichtberechtigten und einer durch § 325 Abs. 1 ZPO gewährten Rechtskrafterstreckung zu vermeiden. Somit kann der Anknüpfungspunkt der Redlichkeit aber niemals unabhängig von der materiell-rechtlichen Redlichkeit sein, da sie stets die Voraussetzung für den vom BGB gewährten Schutz zugunsten derer, welche Rechte von einem Nichtberechtigten herleiten, ist. Und wie hier dargestellt wurde, eignet sich die Heranziehung des § 325 Abs. 3 Satz 1 ZPO ebenfalls nicht, um ein solches Verständnis zu stützen.

4. Zwischenergebnis

Die historische Auslegung sowie die Auslegung nach Sinn und Zweck des § 325 Abs. 2 ZPO weisen darauf hin, dass der Tatbestand der Norm lediglich die Fälle des konkreten Erwerbs vom Nichtberechtigten erfasst und ein auf solchen Redlichkeitsvorschriften beruhender Erwerb ausreichend ist, um ihn zu erfüllen. Leichte Zweifel könnten sich aus dem Wortlaut der Norm und den daraus ableitbaren Schlussfolgerungen ziehen. Im Lichte des gesetzgeberischen Willens zum Inhalt der Norm wird diesem ungenauen Wortlaut aber keine entscheidende Bedeutung zukommen können. Kommt es allerdings für die Anwendbarkeit und den Tatbestand des § 325 Abs. 2 ZPO allein auf das Vorliegen eines konkreten Erwerbs vom Nichtberechtigten an, so führt das konsequenterweise dazu, dass die Fälle des Erwerbs vom Berechtigten dem Anwendungsbereich des § 325 Abs. 2 ZPO entzogen sind.

IV. Bedeutung prozessualer Redlichkeit

In den bisherige Erwägungen und Darstellungen kommt der Vorteil einer unterstellten prozessualen Redlichkeit noch zu kurz. Es stellt sich nämlich die Frage, ob der prozessualen Redlichkeit möglicherweise eine wesentliche

428 RGZ 79, 165 (166).

Bedeutung zukommt, welche ein solches Tatbestandsmerkmal geboten erscheinen ließe.

1. Dogmatische Bedeutung

a) Im Allgemeinen

Unterstellt, dass § 325 Abs. 2 BGB das Tatbestandsmerkmal prozessualer Redlichkeit aufweist, so stellen sich einige Fragen bei der Normanwendung und der Handhabe des Merkmals. In dem aufwändigen Verfahren zur Schaffung einer Zivilprozessordnung[429] war stets das Motiv des § 238 Satz 1 CPO, dass das Zivilprozessrecht sich nicht in Widerspruch zu einem, im materiellen Recht gewährten Schutz setzen soll. Daher verdient der Fall besondere Aufmerksamkeit, in dem zwar ein Erwerb vom Nichtberechtigten stattgefunden hat, der Erwerber aber Kenntnis von der Rechtshängigkeit hatte. Soweit das Merkmal prozessualer Redlichkeit bis hierhin dargestellt wurde, hieße das schlicht, dass der Erwerber materiell-rechtlich Eigentum erwirbt, jedoch das ungünstige Urteil – wie auch immer – „gegen sich gelten" lassen müsste. Gerade das ist aber einer dieser Widersprüche, vor denen § 325 Abs. 2 ZPO schützen wollte. Der Erwerber, der soeben noch durch das BGB in seinem guten Glauben geschützt wurde, sollte nicht aus prozessualen Gründen diesen Schutz wieder verlieren, indem er sich etwa auf sein Eigentum nicht (mehr) berufen kann, und das trotz der grundsätzlich sehr weitreichenden Eigentümerbefugnisse (§ 903 Satz 1 BGB). Es gibt hier nur zwei Möglichkeiten, die Diskrepanz zwischen den beiden Rechtsgebieten auszuräumen: die Regelung der ZPO an das BGB anzupassen oder umgekehrt.

Das heißt, dass die prozessuale Redlichkeit (doch) nicht als Voraussetzung für den rechtshängigkeitsfreien Erwerb nach § 325 Abs. 2 ZPO dient und der Erwerber sich mithin allein aufgrund stattgefundenen materiell-rechtlichen Erwerbs vom Nichtberechtigten auf § 325 Abs. 2 ZPO berufen kann oder umgekehrt in den materiell-rechtlichen Erwerb einzugreifen und diesen ebenfalls aufgrund fehlender prozessualer Redlichkeit zu versagen.

429 Siehe oben S. 55 ff.

So seltsam letztere Möglichkeit zunächst auch erscheinen mag, so wird sie doch vertreten und das durchaus auch von namhaften Vertretern.[430]

Dieser Ansatz „schießt“ jedoch weit über das Ziel hinaus und verkehrt die beabsichtigte Schutzrichtung der Norm in ihr Gegenteil: § 325 Abs. 2 ZPO schützt nicht mehr den redlichen Erwerb vom Nichtberechtigten, sondern „zerstört“ ihn. Das stünde in erheblichem Widerspruch zum Willen des Gesetzgebers, der mit seinem Vorhaben, durch die CPO-Novelle 1898 an § 238 Satz 1 CPO sachlich nichts ändern zu wollen, wenigstens den Zweck des § 238 Satz 1 ZPO auf die Nachfolgenorm übertragen wollte.[431] Dieser wäre jedoch durch ein mittelbares Eingreifen in den Regelungsgehalt des BGB durch die ZPO konterkariert.

Auch in systematischer Hinsicht erscheint eine materiell-rechtliche Regelung – und nichts anderes wäre § 325 Abs. 2 ZPO insoweit, als sie in den Erwerb vom Nichtberechtigten *eingreift* – im Regelungswerk der ZPO unpassend. Zwar sind auch Fälle im BGB Tatbestände vorgesehen, welche an ein prozessuales Tatbestandsmerkmal anknüpfen (vgl. etwa § 818 Abs. 4, §§ 987 ff. BGB), jedoch handelt es sich hierbei um „autonome Entscheidungen“ des BGB, während ein wie auch immer geartetes prozessuales Redlichkeitserfordernis mit materiell-rechtlichen Folgen aus § 325 Abs. 2 ZPO dem Regelungskomplex des BGB aufgedrängt würde; ob ein Erwerb vom Nichtberechtigten stattfindet oder nicht, bleibt aber Frage des materiellen Rechts und ist somit vom BGB zu beantworten. Vertretbar*er* wäre es, die Diskrepanz von materiell-rechtlichem Erwerb bei Rechtskrafterstreckung auf den Rechtsnachfolger „stehenzubleiben“ und diesen bloßen Widerspruch zum Schutzzweck des § 325 Abs. 2 ZPO hinzunehmen, anstatt den Schutzzweck „folgerichtig“ zu konterkarieren. Das ändert jedoch nichts am Vorliegen eines direkten Widerspruchs zu den Absichten des Gesetzgebers.

---

430 MüKo-ZPO/*Gottwald*, § 325 Rn. 99; Stein/Jonas/*Leipold*, ZPO, § 325 Rn. 39.

431 Bereits die Kommission zum Norddeutschen Entwurf der CPO hatte sich ausdrücklich gegen die Abhängigkeit materiell-rechtlicher Redlichkeit von der prozessualen Redlichkeit ausgesprochen, siehe oben S. 63.

b) Als Mittel des rechtlichen Gehörs

Ein Tatbestandsmerkmal prozessualer Redlichkeit könnte jedoch im Zusammenhang mit dem Verfassungsanspruch auf rechtliches Gehörs (Art. 103 Abs. 1 GG) stehen und über diesen Geltung beanspruchen. Wie bereits an anderer Stelle[432] ausgeführt, bestanden bereits im 19. Jahrhundert Bedenken gegen den Grundsatz einer Rechtskrafterstreckung auf eine am Rechtsstreit unbeteiligte Person, den Rechtsnachfolger. Der Rechtsnachfolger würde an ein Urteil gebunden und das gegebenenfalls ohne zuvor rechtlich gehört worden zu sein. Hätte der Rechtsnachfolger von einem Rechtsstreit Kenntnis gehabt (prozessuale Unredlichkeit), so stünde ihm über die Nebenintervention (§§ 265 Abs. 2 Satz 3, 66 ff. ZPO) die Möglichkeit offen, am Prozess mitzuwirken und so seinen Anspruch auf rechtliches Gehör durchzusetzen. Durch Unkenntnis eines Rechtsstreits bezüglich des zu erwerbenden Rechts (prozessuale Redlichkeit) wäre dem Rechtsnachfolger diese Möglichkeit faktisch genommen. Insoweit erscheint die prozessuale Redlichkeit ein taugliches Mittel zur Wahrung des Verfahrensgrundrechts auf rechtliches Gehör zu sein, da der Rechtsnachfolger in einem solchen Fall gemäß § 325 Abs. 2 ZPO nicht an die Rechtskraft des Urteils gegen seinen Rechtsvorgänger gebunden wäre.

Allerdings würde sich ein Tatbestandsmerkmal prozessualer Redlichkeit nur in dem geschilderten Fall eines noch rechtshängigen Rechtsstreits in ein stimmiges Gesamtbild einfügen. Liegt dahingegen der Fall einer bereits rechtskräftig entschiedenen Sache vor, so wäre es dem Rechtsnachfolger auch durch eine Nebenintervention nicht mehr möglich, seinen Anspruch aus Art. 103 Abs. 1 GG durchzusetzen. Daher wäre ein Tatbestandsmerkmal in Form der prozessualen Redlichkeit als Mittel zur Durchsetzung des rechtlichen Gehörs in diesem Fall überflüssig. Die beiden Fälle, der noch rechtshängige und der bereits rechtskräftig entschiedenen Rechtsstreit, stehen jedoch gleichstufig nebeneinander, da der Grundsatz der Rechtskrafterstreckung (§ 325 Abs. 1 ZPO) undifferenziert an die Rechtsnachfolge nach Rechtshängigkeit anknüpft. Es wäre daher bereits aus strukturellen Gesichtspunkten nicht einzusehen, weshalb ein postuliertes zusätzliches Tatbestandsmerkmal als Mittel zur Wahrung des rechtlichen Gehörs lediglich

432 Siehe oben S. 55.

auf die Hälfte der von § 325 Abs. 1 ZPO aufgestellten Fälle Anwendung finden sollte.

2. Praktische Bedeutung

Während die praktischen Vorteile eines leicht zu beweisenden Tatbestandsmerkmals, dessen Fehlen den Tatbestand des § 325 Abs. 2 ZPO ausschließt, auf der Hand liegen, stellen sich auch hier einige Einzelfragen. Hier war bis jetzt nur die Rede von der Konstellation eines Erwerbs vom Nichtberechtigten, also materiell-rechtlicher Redlichkeit auf der einen und fehlender prozessualer Redlichkeit auf der anderen Seite. Das liegt daran, dass für die übrigen Konstellationen das Ergebnis eindeutig und keineswegs verwunderlich ist: Besteht sowohl materiell- wie auch prozessrechtliche Redlichkeit, so gilt § 325 Abs. 2 ZPO selbstverständlich zugunsten des dritten Erwerbers, während im Falle fehlender materiell-rechtlicher Redlichkeit bereits der Erwerb vom Nichtberechtigten insgesamt ausscheidet und mithin der Anwendungsbereich des § 325 Abs. 2 ZPO verschlossen bleibt, gleich, ob der dritte Erwerber den Rechtsstreit kannte oder nicht. Lässt man einmal den zuvor dargestellten, die Schutzrichtung des § 325 Abs. 2 ZPO in ihr Gegenteil verkehrenden Fall der materiell-rechtlichen Redlichkeit bei fehlender prozessualer Redlichkeit außer Betracht, so decken sich die Ergebnisse mit denen der ältesten Ansicht zu § 238 Satz 1 CPO, welcher es allein auf das Vorliegen eines konkreten Erwerbs vom Nichtberechtigten ankam.

Da – wie oben[433] bereits ausführlich dargestellt – in keinem Fall das alleinige Vorliegen prozessualer Redlichkeit ein hinreichendes Kriterium für den Ausschluss der Rechtskrafterstreckung auf den Rechtsnachfolger nach § 325 Abs. 2 ZPO darstellen kann, also stets auch ein konkreter Erwerb vom Nichtberechtigten vorliegen muss, kommt dem Tatbestandmerkmal prozessualer Redlichkeit nur in dieser einen Konstellation eine Bedeutung zu, in der ihre Anwendung die Schutzrichtung des § 325 Abs. 2 ZPO in ihr Gegenteil verkehrt oder ihr wenigstens widerspricht.

Der einzige Vorteil läge dann darin, dass das Gericht in einem gegebenenfalls stattfindenden Folgeprozess, bei dem das Vorliegen des § 325 Abs. 2 ZPO entscheidend ist, nicht in die Prüfung der objektiven

433 Siehe oben S. 81 ff.

Rechtslage einsteigen müsste, wenn der Rechtsnachfolger *jedenfalls* die Rechtshängigkeit kannte.[434] Auch aus Sicht der Parteien bringt das Merkmal prozessualer Redlichkeit keinen entscheidenden Vorteil. Muss das Gericht die objektive Rechtslage prüfen, so müssen zwar auch gewisse Tatsachen aus dem vorangegangenen Prozess (erneut) dargelegt und gegebenenfalls bewiesen werden. Das hört sich zunächst für die aus dem ersten Prozess siegreich hervorgegangene Partei ungünstig an, hat sie doch ein rechtskräftiges Urteil, mithin bereits die ihr günstigen Umstände hinreichend bewiesen und soll nun genötigt werden, alles erneut in einem zweiten Prozess zu beweisen.[435] Allerdings handelt es sich bei dem Folgeprozess nicht um eine schlichte Wiederholung des bereits stattgefundenen Prozesses. Vielmehr hat der siegreiche Kläger des ersten Prozesses bereits ein rechtskräftiges Urteil erstritten und um die Rechtskrafterstreckung auf den Rechtsnachfolger umzusetzen, wurde ihm die Möglichkeit der Klauselumschreibung (§ 727 ZPO) und soweit erforderlich der Klage auf Erteilung der Vollstreckungsklausel (§ 731 ZPO) gegen den Rechtsnachfolger gegeben.[436] Nunmehr wehrt sich der Rechtsnachfolger, etwa indem er gegen die Klauselumschreibung nach § 768 ZPO vorgeht, was ihn in die Position des Klägers versetzt. Jede Partei hat wieder die für sie günstigen Umstände entsprechend der allgemeinen Beweislastregel[437] zu beweisen. Ist das Urteil aus dem ersten Prozess jedoch rechtskräftig, so gibt es keinen Anlass für den ursprünglichen Kläger, sein Eigentum erneut zu beweisen. Hier geht es nun um die Behauptung, dass die Vollstreckungsklausel zu Unrecht auf den Rechtsnachfolger umgeschrieben wurde, also (eventuell) die Voraussetzungen des § 325 Abs. 2 ZPO vorliegen. Das heißt, der Rechtsnachfolger hat zu beweisen, dass er von einem Nichtberechtigten erworben hat.[438] Hätte er von einem Berechtigten erworben, so nützte ihm das nichts, da § 325 Abs. 2 ZPO auf einen Erwerb

434 Ebenfalls nur diesen Vorteil nennend *Olshausen*, JZ 1988, 584 (590).

435 So sieht es offenbar *Olshausen*, JZ 1988, 584 (590).

436 RGZ 88, 267 (268).

437 Vgl. BGH, Urt. v. 17.2.1970 – III ZR 139/67, juris: Rn. 63; *Lüke*, ZPO, Rn. 277.

438 In der Regel dürfte das Vorbringen des Rechtsnachfolgers, er habe von einem Nichtberechtigten erworben, nach § 138 Abs. 2 ZPO als zugestanden angesehen werden, hält sich doch der ursprüngliche Kläger selbst für den Rechtsinhaber.

vom Berechtigten keine Anwendung findet[439] und über die Frage der Berechtigung bereits im Vorprozess entschieden wurde (daher kommt auch eine darauf gestützte Vollstreckungsabwehrklage nicht in Betracht, § 767 Abs. 2 ZPO). Durch den Verweis in § 325 Abs. 2 ZPO auf die Vorschriften über den Erwerb vom Nichtberechtigten ist aber davon auszugehen, dass auch die Vermutung des guten Glaubens bzw. der Redlichkeit des Erwerbers nach §§ 932 Abs. 2, 892 Abs. 1 Satz 1 BGB entsprechende Anwendung finden.[440] Nur insoweit obläge der Beweis des Gegenteils dem ursprünglichen Kläger. Das erscheint jedoch auch nicht unzumutbar, da es sich gerade um den Grundsatz im materiellen Recht handelt. Auch dieser sollte als Bestandteil des Rechtsinstituts des Erwerbs vom Nichtberechtigten gemäß den Materialien zu § 325 Abs. 2 ZPO im Prozessrecht keinen Widerspruch erfahren. Von der Idee her sollte schließlich der Schutz des materiellen Rechts im Prozessrecht beibehalten werden und die Beweislast dem ursprünglichen Eigentümer aufzuerlegen ist ein Teil eben dieses Schutzes. Dass der Kläger des ersten Prozesses im Folgeprozess um die Klauselerteilung bereits mit der Behauptung obsiegen soll, der Rechtsnachfolger habe die Rechtshängigkeit des ersten Prozesses bei Rechtserwerb gekannt, stünde daher bei genauer Betrachtung ebenfalls im Widerspruch zum materiellen Recht.

3. Zwischenergebnis

Stellt man nun Rechtsfolgen jener Konstellation einander gegenüber, bei der alleine es auf das Merkmal prozessualer Redlichkeit ankommt, so ergibt sich folgendes Bild: Verlangte man prozessuale Redlichkeit als Voraussetzung für § 325 Abs. 2 ZPO, so führte das zu einem materiell-rechtlichen Erwerb, während nach Prozessrecht dem Erwerber dieser Erwerb nichts nützte, da er den Gegenstand wieder herauszugeben hätte oder jedenfalls das Urteil gegen sich gelten lassen müsste; oder der Rechtsnachfolger hätte – die Motive „folgerichtig konterkarierend“ – nie Eigentum erworben, da auch die prozessuale Redlichkeit plötzlich materiell-rechtliche Tatbestandsvoraussetzung wäre. Verzichtete man hingegen auf das Merkmal prozessualer Redlichkeit, so würde ein Erwerb vom Nichtberechtigten auch im

439 Siehe oben S. 81 ff.
440 RGZ 79, 165 (169); MüKo-ZPO/*Schmidt*/*Brinkmann*, § 768 Rn. 10.

Prozessrecht geschützt werden, indem derjenigen Rechtsnachfolger, welcher durch das BGB bereits als hinreichend redlich qualifiziert wurde, sich auf § 325 Abs. 2 ZPO berufen könnte und die Rechtskrafterstreckung aus Absatz 1 ausschließen würde. An dieser Stelle setzte sich dann das zum Erwerb vom Nichtberechtigten bereits im BGB stattgefundene Abwägungsergebnis von Verkehrsschutz auf der einen und Schutz der Rechtsinhaberposition auf der anderen Seite im Verhältnis von Rechtsnachfolger zu Kläger fort, und wie der ursprüngliche Rechtsinhaber im BGB müsste nun auch der Kläger in der ZPO zurücktreten.

V. Keine Rechtsfortbildung

Das Merkmal prozessualer Redlichkeit wird etwa von *Olshausen* als eine Art Rechtsfortbildung aufgefasst. Er beleuchtet den Regelungsgehalt des § 325 Abs. 2 ZPO recht ausführlich und fragt danach, was ein Gericht in einem Folgeprozess (etwa nach § 768 ZPO) überhaupt zu prüfen habe und stellt verschiedene Ansichten dazu vor. Dabei geht es darum, ob die Redlichkeit des Rechtsnachfolgers in Bezug auf die Nichtberechtigung vorliegen müsse, oder ob lediglich die Redlichkeit in Bezug auf die vom ersten Gericht festgestellten Tatsachen geprüft werde, welche zur Berechtigung der obsiegenden Partei geführt haben.[441] Aufgrund der von ihm sodann postulierten „Untrennbarkeit der Bösgläubigkeitsprüfung von der Prüfung der objektiven Rechtslage“[442] empfindet es *Olshausen* als naheliegend, dass ein subjektives Kriterium wie die materiell-rechtliche Redlichkeit gefunden wurde, das einerseits fehlende Schutzbedürftigkeit signalisiert und dessen Vorliegen andererseits unabhängig von der Berechtigung des Veräußerers ist, so dass diese nicht erneut geprüft werden müsse. Dieses Kriterium soll die prozessuale Redlichkeit sein, deren Widerlegung ausreicht, um die Folgen des § 325 Abs. 2 ZPO auszuschließen.[443]

Da sich jedoch die Judikative nicht willkürlich über Entscheidungen der Legislative hinwegsetzen kann (vgl. Prinzip der Gewaltenteilung, Art. 20 Abs. 3 GG), sind einer Rechtsfortbildung Grenzen gesetzt.

---

441 *Olshausen*, JZ 1988, 584 (589 f.).
442 *Olshausen*, JZ 1988, 584 (590).
443 *Olshausen*, JZ 1988, 584 (590).

Typischerweise sucht sie Gesetzeslücken zu schießen, indem etwa Analogien zu Vorschriften gebildet werden, welche einen vergleichbaren Sachverhalt regeln oder es werden bereits bestehende Regelungen unter Einhaltung der Wortlautgrenze extensiv oder restriktiv ausgelegt.[444] Jedoch hat der Gesetzgeber in § 325 Abs. 2 ZPO keine Regelungslücke gelassen, welche durch in Rechtsfortbildung beseitigt werden müsste. Tatsächlich stünde eine so geartete Rechtsfortbildung sogar in mehrfachem Widerspruch zum geäußerten Willen des Gesetzgebers.[445] Insoweit stößt auch eine Rechtsfortbildung an ihre Grenzen. Das Merkmal prozessualer Redlichkeit hat sich daher auch nicht in rechtlich wirksamer Weise über die Zeit hinweg entwickelt. Wollte man ein solches Tatbestandsmerkmal (dessen Vorteile überschaubarer sind als dessen Nachteile) konstituieren, so müsste der Gesetzgeber erneut tätig werden.

VI. Ergebnis

Während zugunsten des Merkmals prozessualer Redlichkeit im Wesentlichen nur der von § 238 Satz 1 CPO zu § 325 Abs. 2 ZPO veränderte Wortlaut und die fragliche Andeutung in § 325 Abs. 3 Satz 1 ZPO sprechen könnten, überwiegen die Argumente, die gegen dieses Merkmal sprechen um ein Vielfaches. Nicht nur entspräche der Ansatz, welcher auf das Merkmal verzichtet, dem vom Gesetzgeber ausdrücklich geäußerten Willen hinsichtlich des Zwecks der §§ 238 Satz 1 CPO, 293c Abs. 2 CPO-1898 und § 325 Abs. 2 ZPO, sondern er lässt eine stimmige Einbettung des § 325 Abs. 2 ZPO in die Dogmatik und den Regelungszusammenhang des Erwerbs vom Nichtberechtigten zu, welcher keiner Korrekturen bedarf. Es spricht daher weit mehr dafür, dass der Gesetzgeber sich keines Merkmals prozessualer Redlichkeit im Rahmen des § 325 Abs. 2 ZPO bewusst war und zwar deshalb, weil er es nicht in den Tatbestand einfügen wollte. Dass das Reichgericht[446] mit „ziemlicher Sicherheit" aus § 325 Abs. 3 Satz 1 ZPO das Erfordernis prozessualer Redlichkeit zu schließen vermag, überzeugt aus oben genannten Gründen nicht. Ebenso wenig überzeugt die nachfolgende,

444 Vgl. hierzu ausführlich *Wiedemann*, NJW 2014, 2407 (2408).
445 Siehe oben S. 81 ff., 95 ff.
446 RGZ 79, 165 (167).

darauf aufbauende Rechtsprechung mit der bloßen Behauptung eines Erfordernisses prozessualer Redlichkeit, gelegentlich unter Verweis auf eben diese Reichsgerichtsentscheidung.[447] Soweit ersichtlich – und dafür sprechen auch die unterschiedlichen Ansichten der Vorinstanzen – hat das Reichsgericht mit dem Urteil vom 30. März 1912 erstmalig Stellung zu der Frage prozessualer Redlichkeit bezogen und mit dem fraglichen Indiz aus § 325 Abs. 3 Satz 1 ZPO bei der Auslegung der Norm offenbar zu kurz gegriffen. Zwar geht das Reichsgericht auch auf die Gesetzesbegründung ein und erwähnt, dass § 325 Abs. 2 ZPO den § 238 Satz 1 CPO ersetzen sollte und ebenso zum Ausdruck bringe, *„daß der gutgläubige Erwerber, der nach bürgerlichem Rechte gegen einen Mangel im Rechte seines Vorgängers geschützt sei, auch das Urteil nicht gegen sich gelten zu lassen brauche."*[448] Was nun aber als hervorragender Ausgangspunkt erscheint, sich der Ansicht des erstinstanzlichen Gerichts anzuschließen, wird vom Reichgericht nur dafür herangezogen, die Ansicht des Berufungsgerichts, es komme alleine auf die prozessuale Redlichkeit an, abzulehnen. Die Auslegung der Norm erfolgte somit nur unter lückenhafter Bezugnahme auf die gesetzgeberischen Materialien im Zusammenhang mit der Genese des § 325 Abs. 2 ZPO und, insoweit sie tatsächlich stattgefunden hat, nur unter unvollständiger Verwertung erlangter Erkenntnisse.

Aus alledem folgt, dass § 325 Abs. 2 ZPO lediglich vom Vorliegen materiell-rechtlicher Redlichkeit abhängig ist und das auch nur im Rahmen eines konkreten Erwerbs vom Nichtberechtigten. Ob der Erwerber die Rechtshängigkeit kannte, spielt allenfalls eine mittelbare Rolle, etwa in dem Fall, dass zuvor bestehende (bloß) fahrlässige Unkenntnis über die fehlende Berechtigung des Veräußerers durch die Kenntnis der Rechtshängigkeit zu grob fahrlässiger Unkenntnis umschlägt und damit der Erwerber (materiell-rechtlich!) bösgläubig wird (§ 932 Abs. 2 BGB).

---

447 So etwa RGZ 88, 267 (268); BGHZ 4, 283 (284); BGH, BB 1991, 1517 (1518) (= BGHZ 114, 305 ff.); BGH, Urt. v. 30.10.2001 – VI ZR 127/00, juris: Rn. 13; BGH, Beschl. v. 7.3.2013 – V ZB 83/12, juris: Rn. 10; OLG *Schleswig-Holstein*, Beschl. v. 26.5.1994–2 W 40/94, juris: Rn. 7; OLG *Schleswig-Holstein*, Urt. v. 15.6.1995–12 UF 2/95, juris: Rn. 26; KG *Berlin*, Beschl. v. 20.12.2012–1 W 335/12, juris: Rn. 2.

448 Zitiert nach RGZ 79, 165 (167).

G. Anwendung des § 325 Abs. 2 ZPO

Für die Anwendung des § 325 Abs. 2 ZPO bedeutet das Ergebnis Folgendes.

I. Kongruenz von materieller Rechtslage und Inhalt des Urteils

1. Bewegliche Sachen

Ist ein Rechtsstreit über eine bewegliche Sache rechtshängig und wird diese sodann vom Beklagten veräußert, so kann der obsiegende Kläger das Urteil grundsätzlich gegen den Rechtsnachfolger des Beklagten nach entsprechender Klauselerteilung gemäß § 727 ZPO vollstrecken (§ 325 Abs. 1 ZPO). Das gilt ohne Weiteres, wenn kein Fall des gutgläubigen Erwerbs vorliegt, etwa weil der Erwerber ohnehin wusste, dass sein Vertragspartner nicht Eigentümer der Sache war (so im Beispiel 2c)[449]). Der Dritte erwirbt dann auch kein Eigentum. War der Erwerber hingegen gutgläubig im Sinne des § 932 Abs. 2 BGB und lagen auch die sonstigen Voraussetzungen des gutgläubigen Erwerbs vor, so erwirbt er Eigentum nach §§ 929, 932 BGB (so im Beispiel 2a) und b)[450]). Damit liegt auch ein vom BGB geschützter Fall des gutgläubigen Erwerbs vor und konsequenterweise passt sich das Prozessrecht gemäß § 325 Abs. 2 ZPO hieran an und versagt dem Kläger die Vollstreckung gegen den Rechtsnachfolger.

An dieser Stelle geraten jene Ansichten, welche einen Widerspruch zwischen materiellem Recht und Prozessrecht konstruieren, regelmäßig in Erklärungsnöte. Unterstellte man, dass prozessuale Redlichkeit des Erwerbers ein relevanter Faktor wäre und fehlte sie, so führte das – je nach vertretener Ansicht zur Auswirkung prozessualer Redlichkeit auf das materielle Recht – entweder dazu, dass der neue Eigentümer seine Sache herausgeben müsste oder sie gar nicht erst erworben hätte. Die Anhänger der ersten Variante belassen es regelmäßig dabei zu erklären (wenn es überhaupt erklärt wird),

449 Siehe oben S. 5.
450 Siehe oben S. 5.

dass sich der Erwerber auf sein Eigentum nicht berufen könne.[451] Dem folgend, verfügte der Kläger zukünftig stets als Nichtberechtigter, denn § 325 Abs. 1 ZPO ist nicht zu entnehmen, dass er zu einem Eigentumserwerb führen soll. Außerdem wäre dem Eigentümer, welcher sich nicht auf sein Eigentum berufen kann, stets die Möglichkeit gegeben, einem potentiellen Erwerber (soweit er ihm bekannt ist) den Sachverhalt offenzulegen und dessen Bösgläubigkeit herbeizuführen. Sicher wäre das kein hinzunehmender Zustand und es müsste an irgendeiner Stelle korrigierend eingegriffen werden, wahrscheinlich, indem dem Kläger doch irgendwie das Eigentum wieder zugesprochen wird. Es wäre dann aber unverständlich, weshalb dem Kläger ein besonderer Schutz vor den Gefahren eines gutgläubigen Erwerbs zukommen sollte. Der Rechtsverkehr ist gleichermaßen schutzbedürftig, unabhängig von einem gerade stattfindenden Rechtsstreit. Besieht man sich die zweite Variante über die Folgen fehlender prozessualer Redlichkeit, so würde der Dritte mangels *doppelter Gutgläubigkeit* kein Eigentum erwerben. Der Kläger hätte sein Eigentum nie verloren und der Dritte käme nicht in den Genuss der Ausnahme § 325 Abs. 2 ZPO. Sicher, hier trüge der erste Eingriff in die Norm (Hinzufügen des Merkmals prozessualer Redlichkeit) bereits den zweiten, korrigierenden Eingriff in sich. Das bereitet zwar weniger Probleme auf der Rechtsfolgenseite, löst sie jedoch keineswegs auf. Vielmehr werden die Probleme auf die Dogmatik der Tatbestandsseite verschoben. Hier muss erklärt werden, weshalb § 325 Abs. 2 ZPO überhaupt das materielle Recht, hier § 932 Abs. 2 BGB, unmittelbar verändern können soll. Das ergibt sich nämlich nicht aus dem Wortlaut und noch viel weniger aus dem Willen des Gesetzgebers, welchem ganz erheblich widersprochen würde.[452] Außerdem bliebe noch eine weitere Erwägung des Gesetzgebers unberücksichtigt. Bereits bei der Beratung des norddeutschen Entwurfs hieß es ausdrücklich, dass § 202 CPO-NDB, dessen Regelungsgehalt sich in § 238 CPO und somit der Vorgängernorm zu § 325 Abs. 2 ZPO niederschlug, keine Aussage zur materiell-rechtlichen

---

451 *Grunsky*, Verfahrensrecht, § 47 VI 2 b) bb); *Zimmermann*, ZPO, § 325 Rn. 11; *Scholz-Mantel*, Rechtsnachfolger, 13. Kap., III 2 (S. 265b); *S/B/K/T*, ZPO, § 325 Rn. 6.

452 Siehe oben S. 67 ff.

Redlichkeit treffen solle.[453] Lässt also die Kenntnis der Rechtshängigkeit nicht zugleich die materiell-rechtliche Redlichkeit entfallen, so stünde das gesamte Konstrukt eines „doppelten Gutgläubigkeitserfordernisses mit Auswirkungen auf das materielle Recht" in einem weiteren Widerspruch zum Willen des Gesetzgebers.

Da § 325 Abs. 2 ZPO nur dort schützt, wo durch die Anwendung des § 325 Abs. 1 ZPO ein Widerspruch zu den Vorschriften über den gutgläubigen Erwerb auftritt, beschränkt sich seine Anwendbarkeit auf die Rechtskraft solcher Urteile, denen Ansprüche zugrunde liegen, deren Anerkennung dem gutgläubigen Eigentumserwerb zuwiderlaufen.[454] Während das bei Veräußerungen der streitbefangenen Sache vom Nichtberechtigten auf Beklagtenseite meistens der Fall ist, da infolge eines für den Beklagten ungünstigen[455] Urteils dem Kläger ein Anspruch aus dem Eigentum gegen den Beklagten und damit über § 325 Abs. 1 ZPO auch gegen den Rechtsnachfolger zugesprochen wird, obwohl die Rechtsinhaberschaft nach §§ 929 ff., 932 ff. BGB übergegangen ist, kommt das bei der Veräußerung der streitbefangenen Sache auf Klägerseite kraft Natur der Sache praktisch nicht vor. Ein für den Kläger ungünstiges Urteil würde nämlich nicht – spiegelbildlich zur Situation der Veräußerung auf Beklagtenseite – dem Beklagten ein Recht zusprechen, sondern nur den vom Kläger geltend gemachten Anspruch negieren. Ob dessen Rechtsnachfolger dies nun gemäß § 325 Abs. 1 ZPO gegen sich gelten lassen muss oder nicht, betrifft somit lediglich die Frage, ob der gleiche materiell-rechtliche Anspruch nochmals, nunmehr vom Rechtsnachfolger, erhoben werden kann oder ob über diesen bereits rechtskräftig entschieden wurde. Es betrifft damit in der Regel[456] gerade kein vom Rechtsnachfolger nach §§ 929 ff., 932 ff. BGB erlangtes Recht. Anders als die Rechtskrafterstreckung auf Beklagtenseite, führt eine solche für den Rechtsnachfolger auf Klägerseite somit im ungünstigsten Falle aufgrund entgegenstehender materieller Rechtskraft zum Verlust seiner „Klageerhebungsmöglichkeit". Der Verlust dieser

---

453 Siehe oben S. 63.

454 Siehe zu Sinn und Zweck des § 325 Abs.2 ZPO oben S. 81 ff.

455 Und nur bei diesen ist der Anwendungsbereich des § 325 Abs. 2 ZPO eröffnet; vgl. Fn. 13.

456 Zu § 985 BGB siehe sogleich.

Klageerhebungsmöglichkeit kommt einem Widerspruch zu den Vorschriften über den Erwerb vom Nichtberechtigten aber nur dann gleich, wenn es sich um eine Klage aufgrund § 985 BGB handelt.[457] Theoretisch führte die Rechtskrafterstreckung eines Urteils, das dem Kläger einen Herausgabeanspruch aus dem Eigentum aufgrund fehlenden Eigentums abspricht dazu, dass auch der Rechtsnachfolger keine neue Klage aus § 985 BGB erheben könnte. Im Grundsatz wäre das folgerichtig, da der Rechtsnachfolger nach §§ 929–931 BGB dann auch kein Eigentum erworben hätte. Läge hingegen ein Erwerb vom Nichtberechtigten vor, so wäre das Ergebnis (zunächst) widersinnig: ein Eigentümer, der sich auf sein Eigentum nicht berufen und seine Sache allein aufgrund entgegenstehender Rechtskraft nicht heraus verlangen könnte.[458] Dann griffe aber konsequenterweise auch § 325 Abs. 2 ZPO ein und der Rechtsnachfolger auf Klägerseite behielte seine Klageerhebungsmöglichkeit.

Jedoch kommt im Rahmen der Veräußerung streitbefangener beweglicher Sachen auf Klägerseite eine Klage aus § 985 BGB aus praktischen Gründen kaum in Betracht. Sie setzt voraus, dass der Kläger sich nicht im Besitz der Sache befindet, was wiederum die Eigentumsübertragungsmöglichkeiten nach §§ 929 ff. BGB einschränkt. Es verbliebe einzig § 931 BGB, welcher eine Übereignung durch Abtretung des Herausgabeanspruchs zulässt. Um den Anwendungsbereich des § 325 Abs. 2 ZPO zu eröffnen, müsste zudem ein Erwerb vom Nichtberechtigten, also nach §§ 929, 931, 934 BGB vorliegen. Das setzt entweder voraus, dass der Kläger mittelbarer Besitzer ist (§ 934, 1. Fall BGB), was in den Fällen streitigen Eigentums selten der Fall sein dürfte, da der unmittelbare Besitzer regelmäßig keinen Besitz mehr mittelt, oder dass der Rechtsnachfolger vom Beklagten den Besitz erlangt (§ 934, 2. Fall BGB), woran der Beklagte in der Regel ebenfalls kein Interesse haben dürfte.

457 Andere dingliche Klagen, zum Beispiel aus § 1004 BGB, setzen sich nicht in Widerspruch zum erlangten Eigentum, sondern gestalten es nur aus („wie“); zu § 1004 BGB bei Grundstücken siehe unten.

458 Das ist exakt das spiegelbildliche Ergebnis auf Klägerseite zur Beklagtenseite entsprechend der heute überwiegend vertretenen Ansicht bei fehlender prozessualer Redlichkeit: der Beklagte erwirbt zwar Eigentum, muss es aber an den Kläger herausgeben und darf sich nicht darauf berufen.

2. Grundstücke

Veräußert der im Grundbuch eingetragene Beklagte als Nichtberechtigter ein Grundstück, über das bereits ein Verfahren auf Grundbuchberichtigung (§ 894 BGB) eröffnet ist und wird er sodann verurteilt, seine Zustimmung zur Eintragung des Klägers als Eigentümer im Grundbuch abzugeben, so wirkt das Urteil grundsätzlich auch gegen den zwischenzeitlich im Grundbuch eingetragenen Dritten (§ 325 Abs. 1 ZPO). War der Dritte redlich im Sinne des § 892 Abs. 1 Satz 1 BGB und war außerdem kein Widerspruch im Grundbuch eingetragen, so hat er Eigentum an dem Grundstück erworben und obendrein muss er auch die für seinen Rechtsvorgänger ungünstige Entscheidung nicht gegen sich gelten lassen (§ 325 Abs. 2 ZPO). Für den umgekehrten Fall, der Veräußerung des Grundstücks durch den im Grundbuch eingetragenen, aber nichtberechtigten Kläger, der einen Rechtsstreit mit dem Beklagten etwa aufgrund eines Anspruchs aus § 1004 BGB[459] führt, gilt das soeben zur Veräußerung auf Beklagtenseite Gesagte nur teilweise. Dazu folgendes

> **Beispiel 4:** *K ist Eigentümer eines Grundstücks und auch im Grundbuch als solcher eingetragen. Er verklagt seinen Nachbarn B auf Beseitigung eines zu nahe an der Grundstücksgrenze gepflanzten Baumes (§ 1004 BGB). Nach Ansicht des K drohen dessen Wurzeln die geflieste Terrasse des K zu beschädigen. Das Gerichtsverfahren zieht sich in die Länge und K veräußert das Grundstück an seinen Bruder D. B obsiegt. Nach Ansicht des Vorsitzenden könne nicht von einer hinreichend konkreten Rechtsgutsgefährdung ausgegangen werden, da das Wurzelwerk dieser Baumart typischerweise nicht im Stande sei, Schäden an einer Oberflächenbebauung, wie der Terrasse des K, anzurichten. Das Urteil wird rechtskräftig. D wird als Eigentümer im Grundbuch eingetragen.*

In dem Beispiel wird D nach Rechtshängigkeit der Klage aus § 1004 BGB Eigentümer des Grundstücks und somit Rechtsnachfolger im Sinne des § 325 Abs. 1 ZPO. Das Grundstück war durch die Klage des K auch streitbefangen, da sich seine Aktivlegitimation aus der Rechtsbeziehung zu

459 Eine Klage auf Zustimmung zur Eintragung des Klägers als Eigentümer gäbe hier keinen Sinn, da der Kläger nur dann das streitbefangene Grundstück als Nichtberechtigter veräußern kann, wenn ein entsprechender öffentlicher Glaube vorliegt, er also als Eigentümer im Grundbuch eingetragen ist.

eben diesem Grundstück als Eigentümer ergab.[460] Folglich erstreckt sich die Rechtskraft des Urteils auf D und er kann somit nicht erneut Klage hinsichtlich desselben Streitgegenstands erheben. Da kein Fall des Erwerbs vom Nichtberechtigten vorliegt, kommt auch eine Befreiung hiervon nach § 325 Abs. 2 ZPO von vornherein nicht in Betracht.

Abwandlung (zu Beispiel 4): *In Wahrheit war nicht K Eigentümer des Grundstücks, sondern X. Hiervon hatten weder K noch D Kenntnis.*

D erwirbt in dieser Abwandlung Eigentum an dem Grundstück nach §§ 873 Abs. 1, 925 Abs. 1, 892 Abs. 1 Satz 1 BGB. Fraglich ist hier, ob sich auch die Rechtskraft des für ihn ungünstigen Urteils auf ihn erstreckt. Gemäß § 325 Abs. 2 ZPO scheint das nicht der Fall zu sein, wenn ein Erwerb vom Nichtberechtigten, hier also kraft öffentlichen Glaubens des Grundbuchs, vorläge. Jedoch ist hier genau darauf zu achten, was durch die Vorschriften über den Erwerb vom Nichtberechtigten überhaupt geschützt wird. Denn auch nur insoweit wird der Schutz in das Prozessrecht erstreckt und folglich schützt auch § 325 Abs. 2 ZPO nur insoweit.[461] Der öffentliche Glaube des Grundbuchs (§ 892 BGB) schützt nur im Rahmen des durch das Grundbuch erzeugten Rechtsscheins („*der Inhalt des Grundbuchs [gilt] als richtig*"). Hier findet zwar ein Erwerb des Eigentums kraft öffentlichen Glaubens statt, das Urteil in dem Beispielsfall betrifft aber überhaupt nicht die erworbene Eigentümerstellung des D. Die Klage aus § 1004 BGB betrifft vielmehr den Inhalt des kraft öffentlichen Glaubens erworbenen Eigentums. Dieser wird aber durch § 892 BGB nicht geschützt. Denn die Verpflichtung, einen Baum zu dulden oder zu entfernen, ist keine im Grundbuch eintragungsfähige Tatsache. Und was nicht eingetragen werden kann, kann auch nicht am Rechtsschein und damit nicht am öffentlichen Glauben des Grundbuchs teilhaben. Ohne materiell-rechtlichen Schutz gibt es aber auch keinen im Prozessrecht nach § 325 Abs. 2 ZPO. Es reicht für den Tatbestand des § 325 Abs. 2 ZPO nicht aus, dass bloß ein Erwerb vom Nichtberechtigten in Bezug auf den streitbefangenen Gegenstand vorliegt. Vielmehr ist auch ein daraus folgender Widerspruch zur Rechtskrafterstreckung nach

---

460 Zur Definition der Streitbefangenheit vgl. statt aller MüKo-ZPO/*Gottwald*, § 325 Rn. 18.

461 Siehe zu Sinn und Zweck des § 325 Abs.2 ZPO oben S. 81 ff.; vgl. auch zu beweglichen Sachen oben S. 105 ff.

§ 325 Abs. 1 ZPO erforderlich. In dem Beispielsfall liegt ein Erwerb kraft öffentlichen Glaubens „nur zufällig" vor. Ebenso wie bei der Veräußerung streitbefangener beweglicher Sachen,[462] kommt hier ein Erwerb des streitbefangenen Grundstücks kraft öffentlichen Glaubens auf Klägerseite bei gleichzeitigem Vorliegen eines sich damit in Widerspruch setzenden Urteils zulasten des Rechtsnachfolgers praktisch nicht vor. Denn der nicht im Grundbuch eingetragene Kläger aus § 894 BGB kann mangels Rechtsscheins auch kein Eigentum nach den Vorschriften über den Erwerb vom Nichtberechtigten übertragen.

Die ferner umstrittene Frage danach, ob und wie ein Rechtshängigkeitsvermerk im Grundbuch eingetragen werden kann, stellt sich für die hier vertretene Ansicht nicht, da es auf die Rechtshängigkeit und ihre Kenntnis für die Anwendbarkeit und die Voraussetzungen des § 325 Abs. 2 ZPO nicht ankommt.[463] Freilich ist es aber eine Folgefrage jener Ansichten, welche von dem Erfordernis prozessualer Redlichkeit ausgehen. Insbesondere soweit im „gutgläubig rechtshängigkeitsfreiem Erwerb" ein eigenes, an den gutgläubigen Erwerb im BGB angelehntes Rechtsinstitut erblickt wird und die Rechtshängigkeit als eine Art dingliche Belastung wie noch im gemeinen Recht[464] aufgefasst wird, stellt sich natürlich die dogmatische Frage nach dem Rechtsschein fehlender Rechtshängigkeit.

3. Forderungen

Tritt der Kläger seinen geltend gemachten materiell-rechtlichen Anspruch nach Rechtshängigkeit ab und findet das Verfahren einen für ihn ungünstigen Ausgang – etwa weil ihm der Anspruch abgesprochen wird – so entfaltet das Urteil auch gegenüber dem Zessionar Rechtswirkung (§ 325 Abs. 1 ZPO). Gleiches gilt für den umgekehrten Fall, dass der Beklagte eine streitbefangene Forderung abtritt. Auch wenn es begrifflich kein Fall des „Erwerbs vom Nichtberechtigten"[465] ist, verdient § 405 BGB besondere Aufmerksamkeit,

462 Siehe oben S. 105 ff.

463 Vgl. zu Fragen des Rechtshängigkeitsvermerks *Lickleder*, ZZP 2001, 195 ff.; *Zeising*, ZJS 2010, 1 ff.

464 Siehe oben S. 26.

465 Die Norm bewirkt keinen derivativen Rechtserwerb von einem Nichtberechtigten. Der 1. Fall der Norm verhindert die Berufung darauf, dass in Wahrheit

da er jedenfalls zu den Vorschriften über „den Erwerb in gutem Glauben“[466] zählt, welcher nach Sinn und Zweck des § 325 Abs. 2 ZPO eines ins Prozessrecht hinein „verlängerten“ Schutzes bedarf. Dazu folgendes

Beispiel 5: *K möchte sein Grundstück an den Freund B für EUR 300.000 verkaufen. Beide sind sich einig. Um jedoch Notargebühren zu sparen, geben sie bei der Beurkundung einen Kaufpreis in Höhe von EUR 200.000 an. Da B der Pflicht zur Kaufpreiszahlung nicht nachkommt und sich K über die ungünstige Beweislage im Klaren ist, klagt K gegen B wenigstens auf Zahlung von EUR 200.000. Da K das Prozessrisiko aber zu groß ist und er dringend Geld benötigt, schließt er mit der Bank D vorsichtshalber einen Darlehensvertrag und tritt ihr die Kaufpreisforderung gegen B unter Vorlage des notariell beurkundeten Kaufvertrags zur Sicherheit ab. Schließlich fliegt im Prozess das Scheingeschäft auf und die Zahlungsklage des K wird als unbegründet abgewiesen. Weil K seine Verbindlichkeiten gegenüber D nicht mehr begleicht, nimmt diese B auf Zahlung aus dem Kaufvertrag in Anspruch.*

Materiell-rechtlich hatte K nie eine Kaufpreisforderung gegen B, da der Kaufvertrag nichtig war. Der beurkundete Vertrag mit einem Kaufpreis in Höhe von EUR 300.000 ist als Scheingeschäft nach § 117 Abs. 1 BGB nichtig. Auch wurde nach dem Grundsatz *falsa demonstratio non nocet* kein Vertrag mit einem Kaufpreis in Höhe von EUR 200.000 beurkundet (etwa weil die Parteien wussten was mit dem genannten Kaufpreis in Wahrheit gemeint war), da dieser Grundsatz keine Anwendung finden kann, wenn Interessen Dritter (hier des Notars) betroffen sind.[467] Der nicht beurkundete Vertrag mit dem Kaufpreis in Höhe von EUR 200.000 ist nach §§ 311b Abs. 1 Satz 1, 125 Satz 1, 117 Abs. 2 BGB formnichtig. Da K nie

---

keine Forderung besteht. Folglich bestand zuvor auch kein Recht, das übertragen werden konnte. Der 2. Fall verhindert lediglich die Berufung auf ein außerhalb der Urkunde vereinbartes Abtretungsverbot. Die Norm hilft also über eine fehlende Verfügungsbefugnis hinweg. Gleichwohl war der Zedent Rechtsinhaber („berechtigt“).

466 § 238 S. 1 CPO.

467 In dem diesen Grundsatz begründenden Fall (RGZ 99, 147) gab es keinen Grund bei der Auslegung der Willenserklärungen der Parteien nicht ihren tatsächlichen Willen zugrunde zu legen, selbst wenn eine normative Auslegung zu einem anderen Ergebnis geführt hätte (arg. § 133 BGB). Sobald Drittinteressen betroffen sind, muss jedoch wieder zur Auslegung nach dem objektiven Empfängerhorizont (§§ 133, 157 BGB) zurückgekehrt werden, um den Interessen aller Beteiligten gerecht zu werden.

Forderungsinhaber war, konnte er diese Kaufpreisforderung auch nie an D abtreten. Darauf kann sich K aber gemäß § 405, 1. Fall BGB nicht berufen, und der gutgläubige D erwirbt somit eine entsprechende Forderung originär.[468] Die Rechtskraft des den Anspruch negierenden Urteils wirkt nach § 325 Abs. 1 ZPO grundsätzlich auch gegenüber D. Jedoch wurde auch hier im materiellen Recht ein Schutz gewährt, der in seiner Wirkung durch eine Rechtskrafterstreckung auf den Rechtsnachfolger D eingeschränkt würde. Folglich greift hier § 325 Abs. 2 ZPO ein.

Abwandlung (zu Beispiel 5): *K erhebt keine Klage gegen B, sondern rühmt sich eines Anspruchs gegen B in Höhe von EUR 300.000. B bereut den Grundstückskauf und sich überhaupt mit K geschäftlich eingelassen zu haben. B klagt gegen K auf Feststellung, dass ein solcher Anspruch nicht besteht. K tritt im weiteren Geschehen den vermeintlichen Kaufpreisanspruch wie im Grundfall unter Vorlage des notariellen Kaufvertrags an D ab. Das Scheingeschäft tritt im Prozess zutage und B gewinnt den Prozess. Das Urteil wird rechtskräftig.*

In der Abwandlung zum Beispiel 5 haben K und B die Rollen getauscht und K tritt den Anspruch nun als Beklagter an den Rechtsnachfolger D ab. Das wirkt sich jedoch nicht auf die Beurteilung des Falles mit Blick auf § 325 Abs. 2 ZPO aus. D erwirbt nach §§ 398, 405, 1. Fall BGB die zuvor nicht bestehende Kaufpreisforderung vom Beklagten K. Die Rechtskraft aufgrund der negativen Feststellungsklage des B erstreckt sich jedoch wegen § 325 Abs. 2 ZPO in Verbindung mit § 405, 1. Fall BGB nicht auf den Rechtsnachfolger D.

II. Inkongruenz von materieller Rechtslage und Inhalt des Urteils

Es sind im Verhältnis von materieller Rechtslage und gefälltem Urteil des Gerichts nur wenige Grundkonstellationen denkbar: Die materielle Rechtslage stimmt mit der gerichtlich beurteilten überein[469] oder sie divergiert. Im letzteren Falle lassen sich noch solche Urteile unterscheiden, welche mit Blick auf die hier fragliche Anwendung des § 325 Abs. 2 ZPO aus praktischer Sicht (zufällig) zum gleichen Ergebnis führen wie die Urteile des

468 Vom Erwerb einer vollwertigen Forderung ausgehend BeckOGK-BGB/*Lieder*, § 405 Rn. 42 m.w.N.

469 Vgl. insoweit oben S. 105 ff.

ersteren Falles und solche, welche zu einem anderen Ergebnis führen. Zur Verdeutlichung dienen die folgenden Grundkonstellationen, auf welche in diesem Abschnitt Bezug genommen wird:

Beispiel 6: *Eigentümer K klagt gegen B auf Herausgabe seiner Münzsammlung. B hält sich für den Eigentümer. Während des Prozesses veräußert B die Münzsammlung an den gutgläubigen D.*
Variante a): *Das Prozessgericht hält K für den Eigentümer. Es gibt der Klage statt. Das Urteil wird rechtskräftig. K beantragt Klauselumschreibung (§ 727 ZPO). D wehrt sich hiergegen (§§ 767, 768, 727 ZPO). Das zuständige Gericht teilt die Einschätzung der Rechtslage durch das Prozessgerichts und hält D für gutgläubig.*
Variante b): *Das Prozessgericht hält K für den Eigentümer. Es gibt der Klage statt. Das Urteil wird rechtskräftig. K beantragt Klauselumschreibung (§ 727 ZPO). D wehrt sich hiergegen (§§ 767, 768, 727 ZPO). Das zuständige Gericht teilt die Einschätzung der Rechtslage durch das Prozessgerichts, hält aber D für bösgläubig.*
Variante c): *Das Prozessgericht hält B für den Eigentümer. K verliert den Prozess. Das Urteil wird rechtskräftig.*

Im Beispiel 6a) geht das Prozessgericht von der zutreffenden Rechtslage aus. B veräußert die Münzsammlung somit als Nichtberechtigter an den gutgläubigen D, welcher nach §§ 929 ff., 932 ff. BGB Eigentümer wird. Zwar wurde D nach Rechtshängigkeit Rechtsnachfolger des B in Bezug auf die streitbefangene Münzsammlung (§ 325 Abs. 1 ZPO), jedoch erstreckt sich die Rechtskraft des Urteils aufgrund eines erfolgten Redlichkeitserwerbs gemäß § 325 Abs. 2 ZPO nicht gegen ihn. Der Schutz des § 325 Abs. 2 ZPO ist auch erforderlich, weil eine Rechtskrafterstreckung gegenüber D dem durch materielles Recht geschützten Gutglaubenserwerb zuwiderlaufen würde. Folglich gewinnt D die Klauselgegenklage (§§ 767, 768, 727 ZPO), da mangels Rechtskrafterstreckung keine vollstreckbare Ausfertigung gegen ihn hätte erteilt werden dürfen (§ 727 Abs. 1 ZPO).

Im Beispiel 6b) geht das Prozessgericht noch immer von der zutreffenden Rechtslage aus; insoweit liegt kein Fehlurteil vor. Hier wird das für die Klage gegen Klauselerteilung zuständige Gericht zum Nachteil des D entscheiden, da es diesen für bösgläubig hält. Denn dann konnte D kein Eigentum kraft der Vorschriften über den Erwerb vom Nichtberechtigten erwerben und folglich käme auch § 325 Abs. 2 ZPO nicht zur Anwendung. Das Ergebnis passt auch zu Sinn und Zweck des § 325 Abs. 2 ZPO, da dadurch kein Widerspruch zwischen dem materiellen Recht und einer Rechtskrafterstreckung auf den Rechtsnachfolger gemäß § 325 Abs. 1 ZPO entsteht. Leider käme D in diesem Beispielsfall nicht zu seinem Recht. Denn in Wahrheit hat er gutgläubig von einem Nichtberechtigten Eigentum erworben und müsste vor den Folgen des für ihn ungünstigen Urteils geschützt sein.

Im Beispiel 6c) hält das Prozessgericht irrtümlich den B für den Eigentümer der Münzsammlung und urteilt daher auch in dessen Sinne. Es ergeht ein Fehlurteil, dessen Folgen jedoch aus den praktischen Konsequenzen heraus betrachtet den Folgen der zutreffenden materiellen Rechtslage gar nicht unähnlich sind: K verliert den Prozess und B wird als Eigentümer der Münzsammlung angesehen. Das Urteil wirkt auch gegenüber dem Rechtsnachfolger D (§ 325 Abs. 1 ZPO). Auf dessen Gut- oder Bösgläubigkeit kommt es hier nicht an, da es ein für ihn günstiges Urteil ist. Für die Anwendung des § 325 Abs. 2 ZPO wäre also weder Raum noch ein bestehendes Bedürfnis. Nach dieser Rechtslage konnte D die Münzen vom Berechtigten erwerben und nach §§ 929 ff. BGB Eigentümer werden. Das Ergebnis ist also fast das gleiche wie in der Variante a), bei der kein Fehlurteil vorlag. K ist kein Eigentümer mehr bzw. wird nicht mehr als solcher angesehen und D ist Eigentümer ohne der Rechtskraft eines für ihn ungünstigen Urteils ausgesetzt zu sein. In der Variante a) hätte B als unterliegende Partei die Kosten des Rechtsstreits tragen müssen, in der Variante c) wäre es der K (§ 91 Abs. 1 ZPO). Dafür müsste K als unterliegende Partei die Kosten des verlorenen Prozesses gegen die Klauselumschreibung tragen.

Abwandlung 1 (zu Beispiel 6): *Nicht K sondern B war Eigentümer der Münzsammlung.*

War in Wahrheit nicht K sondern B Eigentümer der Münzsammlung (Abw. 1), so ergäbe sich für das Beispiel 6 das Folgende.

Im Beispiel 6a) (Abw. 1) geht das Prozessgericht von einer falschen Rechtslage aus und fällt ein Fehlurteil. Richtigerweise hätte K den Prozess verlieren müssen, da D nach §§ 929 ff. BGB Eigentümer der Münzsammlung geworden ist.[470] Durch die irrtümliche Annahme, K sei Eigentümer der Münzsammlung, verliert B den Prozess und D muss als dessen Rechtsnachfolger das Urteil grundsätzlich gegen sich gelten lassen (§ 325 Abs. 1 ZPO). In

470 Das ist das gleiche Ergebnis wie im Grundfall 6c).

dem Folgeprozess gegen die Klauselumschreibung, für welchen ebenfalls[471] das Prozessgericht zuständig ist (§§ 767 Abs. 1, 768 ZPO) wird das zuständige Gericht den D aber von der Rechtskrafterstreckung befreien, da es der Auffassung ist, D habe vom Nichtberechtigten nach §§ 929 ff., 932 ff. BGB erworben und somit die Voraussetzungen des § 325 Abs. 2 ZPO erfüllt.[472] Im Ergebnis ist also D Eigentümer und muss keine für ihn ungünstige Rechtskraft gegen sich gelten lassen. Auch hier ergibt sich über Umwege das im Wesentlichen gleiche Ergebnis wie bei einer zutreffenden gerichtlichen Beurteilung.

Im Beispiel 6b) (Abw. 1) ändert sich gegenüber dem Beispiel 6a) (Abw. 1) an der materiellen Rechtslage nichts: B hat als Berechtigter die Münzsammlung an D veräußert und dieser ist Eigentümer geworden (§§ 929 ff. BGB). Das Prozessgericht hält jedoch K für den Eigentümer und gibt seiner Klage statt. Das Folgegericht wird die Klage gegen Klauselumschreibung des D zurückweisen, da nach Ansicht des zuständigen Gerichts B zwar als Nichtberechtigter veräußert hat, D aber aufgrund seiner Bösgläubigkeit kein Eigentum erwerben konnte. Folglich fände § 325 Abs. 2 ZPO hier keine Anwendung. Das Fehlurteil dieses Beispielsfalls führt zu einer harten Ungerechtigkeit, da D in Wahrheit Eigentümer geworden ist, dies aber aufgrund Irrtums der Gerichte nicht anerkannt wurde. K wird praktisch das Urteil gegen D vollstrecken können (§§ 985 BGB, 325 Abs. 1, 727 ZPO).

Bei dem Beispiel 6c) (Abw. 1) handelt es sich um kein Fehlurteil. Das Gericht geht von einer zutreffenden Rechtslage aus. K verliert den Prozess und D hat das Eigentum an der Münzsammlung vom Berechtigten B erworben.

> **Abwandlung 2** (zu Beispiel 6): *Die Eigentumsverhältnisse sind wie im Grundfall, aber D ist bösgläubig.*

Wenn D nun in Wahrheit bösgläubig war (Abw. 2), so bedeutet das für das Beispiel 6a), dass das Prozessgericht von einer zutreffenden Rechtsalge ausgeht und insoweit kein Fehlurteil vorliegt. Die Veräußerung an D fand

---

471 Auch wenn das gleiche Gericht für die Erteilung des Vollstreckungstitels und die Klage gegen Klauselerteilung zuständig ist, so ist es nicht notwendig der gleiche Spruchkörper, weshalb hier unterschiedliche Beurteilungen der Rechtslage denkbar sind, vgl. MüKo-ZPO/*Schmidt*/*Brinkmann*, § 767 Rn. 47.

472 Richtigerweise dürfte das zuständige Gericht § 325 Abs. 2 ZPO gar nicht anwenden, da D vom Berechtigten erworben hat, vgl. S. 102 ff.

durch einen Nichtberechtigten statt und führte aufgrund der Bösgläubigkeit des D zu keinem Eigentumserwerb. Dennoch kann sich D praktisch erfolgreich gegen die Klauselumschreibung verteidigen. Da das hierfür zuständige Gericht davon ausgeht, dass D gutgläubig war, hält es ihn für den Eigentümer, welcher aufgrund eines vermeintlich gutgläubigen Erwerbs nicht an die Rechtskraft des zuvor ergangenen Urteils gebunden ist (§ 325 Abs. 2 ZPO). Das ist aus dogmatischer Sicht wieder ein Ergebnis mit großer Ungerechtigkeit, da D in Wahrheit kein Eigentum erworben hat und seine vermeintliche Rechtsposition nun obendrein noch durch § 325 Abs. 2 ZPO privilegiert. Aus praktischer Sicht ist das Ergebnis nicht gar so gravierend, da es K nun frei steht erneut Klage auf Herausgabe seiner Münzsammlung zu erheben, dieses Mal aber gegen D. Da sich die Rechtskraft aus der vorangegangenen Entscheidung gerade nicht auf D erstreckt hat, steht sie auch nicht entgegen.

In dem Beispielsfall 6b) (Abw. 2) kommen die Gerichte zu Entscheidungen, welche auf zutreffenden Einschätzungen der materiellen Rechtslage beruhen. K wird als Eigentümer der Münzsammlung Recht zugesprochen. B veräußert als Nichtberechtigter und D erlangt kein Eigentum, da er bösgläubig ist. Das Folgegericht wird die Klage des D gegen Klauselumschreibung zurückweisen, da sich die Rechtskraft des Urteils auch nach Ansicht des zuständigen Gerichts auf diesen erstreckt (§ 325 Abs. 1 ZPO). Dass kein Eigentumserwerb stattgefunden hat, ist für das Tatbestandsmerkmal des Rechtsnachfolgers (§ 325 Abs. 1 ZPO) unschädlich, da hierunter auch der bloße Besitzerwerb aufgrund fehlgeschlagener Veräußerung zu subsumieren ist.[473]

Im Beispielsfall 6c) (Abw. 2) urteilt das Prozessgericht fehlerhaft und K verliert den Prozess. Er kann sich somit auch nicht gegen D wenden, da dieser als Rechtsnachfolger des B von der Rechtskraft profitiert (§ 325 Abs. 1 ZPO). Hier sind die Folgen des richterlichen Irrtums wieder bemerkbar. Denn richtigerweise hätte der Prozess wie im Fall 6b) (Abw. 2) ausgehen sollen: K hätte den ersten Prozess gewonnen und das Urteil gegen den bösgläubigen D vollstrecken können.

Abwandlung 3 (zu Beispiel 6): *B ist Eigentümer der Münzsammlung und D ist bösgläubig (Abw. 1 und Abw. 2 zusammen).*

---

473 RGZ 82, 35 (38); MüKo-ZPO/*Gottwald*, § 325 Rn. 19.

Die Abwandlung 3 wurde nur der Vollständigkeit halber aufgenommen. Zu beachten ist hier, dass sich im Vergleich zur Abwandlung 1 nichts ändert. Die Gut- oder Bösgläubigkeit des Rechtsnachfolgers spielt nämlich nur eine Rolle, wenn der Veräußerer Nichtberechtigter ist. Hier veräußert B aber als Berechtigter: Im Beispiel 6a) (Abw. 3) ergeht ein Fehlurteil, weil das Prozessgericht dem vermeintlichen Eigentümer K recht gibt. Da das Folgegericht im Prozess gegen die Klauselerteilung von einer Veräußerung durch einen Nichtberechtigten ausgeht und D überdies für gutgläubig hält, gewinnt D den Prozess. Im Beispiel 6b (Abw. 3) bekommt der vermeintliche Eigentümer K vom Prozessgericht wieder Recht. Im Folgeprozess wird D für bösgläubig gehalten, so dass er das (Fehl-) Urteil obendrein auch noch gegen sich gelten lassen muss (§ 325 Abs. 1 ZPO). Schließlich trifft im Beispiel 6c) (Abw. 3) das Prozessgericht die richtige Entscheidung: K verliert den Prozess gegen B und D nimmt an der für ihn günstigen Rechtskraft des Urteils teil (§ 325 Abs. 1 ZPO).

Die Beispiele 6a), 6c) (Abw. 1) und 6b) (Abw. 2) gehören nicht in dieses Kapitel, da sie sich mit richtigen Urteilen beschäftigen und insoweit lediglich den bereits oben behandelten Mechanismus des § 325 Abs. 1, 2 ZPO wiedergeben. Die Beispiele 6c) und 6a) (Abw. 1) behandeln Fehlurteile, welche jedoch aufgrund eines konsequent angewandten Mechanismus im Wesentlichen zu den gleichen Ergebnissen führen, wie es richtige Urteile an dieser Stelle täten. Lediglich die Fälle 6b), 6b) (Abw. 1), 6a) (Abw. 2) und 6c (Abw. 2) führen zu einer harten Ungerechtigkeit.

Dies gilt uneingeschränkt natürlich nur, wenn das Prozessgericht im Verfahren um den titulierten Anspruch und das gleiche Gericht – aber gegebenenfalls mit anderem Spruchkörper – zur gleichen Beurteilung der materiellen Rechtslage kommen. Divergierten die Ansichten über die Rechtslage, so wäre noch eine Vielzahl weiterer Beispiele denkbar, welche auch zu paradoxen Situationen führen könnten. Exemplarisch führte eine abweichende Ansicht des Folgegerichts im Prozess um die Klage gegen Klauselerteilung im Beispiel 6a) (Abw. 1) dazu, dass K einen Titel aus einem Fehlurteil hätte, weil das Prozessgericht K fälschlicherweise für den Eigentümer hielte. Möchte sich nun D gegen die Klauselumschreibung nach §§ 767, 768, 727 ZPO wehren und das Folgegericht geht – zutreffender Weise – davon aus, dass B Eigentümer der Münzsammlung war, so käme eine Anwendung des § 325 Abs. 2 ZPO nach geltender Gesetzeslage nicht in Betracht, da ein Erwerb vom Berechtigten vorläge, welcher nicht durch diese Norm geschützt wird. D müsste also geltend machen, dass B Nichtberechtigter gewesen sei. Dieses scheinbar paradoxe Ergebnis, dass der Erwerb vom Berechtigten am Ende trotz Gutgläubigkeit nicht „gilt", ist die Konsequenz zweier Faktoren. Zum einen wurde § 325 Abs. 2 ZPO als Ausnahmevorschrift zum Schutz des Erwerbs vom Nichtberechtigten geschaffen. Liegt dieser nicht vor, so muss er auch nicht geschützt werden und die Norm kommt nicht zur Anwendung.[474] Der andere Faktor, der zu diesem unbefriedigenden Ergebnis führt, ist natürlich das Fehlurteil selbst, welches die Ungerechtigkeit gewissermaßen kraft Natur der Sache bereits in sich trägt. Dass auch Fehlurteile in Rechtskraft erwachsen und somit für die Parteien letztlich maßgeblich sind, ist jedoch Folge einer Abwägung, bei welcher die Gerechtigkeit hinter der Schaffung von Rechtsfrieden zurücktreten muss. Was nunmehr materiell-rechtlich zwischen den Parteien gilt, ist Frage der materiellen Rechtskraft (und im Einzelnen sehr umstritten[475]), welche nicht dem Thema dieser Arbeit unterfällt.

474 Diese Konstellation erinnert stark an die Vorschriften zum Schutze der Minderjährigen, bei denen von einem nichtberechtigten Minderjährigen Eigentum erworben werden kann, nicht jedoch von einem berechtigten Minderjährigen, da nur im letzten Falle der Minderjährige (s)ein Recht verlöre und gemäß Sinn und Zweck des § 107 BGB auch nur insoweit zu schützen ist.

475 Vgl. zu den vertretenen Rechtskrafttheorien MüKo-ZPO/*Gottwald*, § 322 Rn. 6 ff.

H. Fazit

Es wurden der Anwendungsbereich des § 325 Abs. 2 ZPO und der Bezugspunkt der Redlichkeit herausgearbeitet und wie eingangs angekündigt mit besonderem Blick auf Telos und Historie, ohne dabei die übrigen Auslegungsmethoden außer Acht zu lassen. Wie auch die wohl herrschende Meinung vertritt, setzt die Anwendung der Norm einen konkreten Erwerb vom Nichtberechtigten voraus. Der Rechtsnachfolger profitiert von der durch sie getroffenen Ausnahme, wenn er redlich ist. Entgegen den heute vertretenen Auffassungen, soweit ersichtlich, aber jedenfalls entgegen der herrschenden Meinung und Rechtsprechung, genügt hierfür materiell-rechtliche Redlichkeit. Das Erfordernis prozessualer Redlichkeit fand mit dem oben[476] behandelten Urteil des Reichsgerichts im Jahre 1912 Eingang in die Rechtsprechungspraxis und infolgedessen auch in die vertretenen Literaturansichten. Leider beschränkt sich die Ausgangsrechtsprechung auf die leicht zugänglichen Auslegungsmethoden: Wortlaut und Systematik. Zwar werden auch die Gesetzgebungsmaterialien an einer Stelle kurz aufgegriffen, jedoch nur punktuell, in unzureichendem Umfang und in unvollständiger Verwertung der daraus abzuleitenden Erkenntnisse, so dass die insoweit erfolgende teleologische und historische Auslegung der Norm lediglich als oberflächlich und im Ergebnis falsch bezeichnet werden kann. Die eingangs an einer Stelle kurz erwähnten Folgeprobleme zur Kontroverse um den „gutgläubig rechtshängigkeitsfreien Erwerb", wie etwa ob ein Rechtshängigkeitsvermerk im Grundbuch eingetragen werden kann und wie er zu erreichen ist, stellen sich mit dem Ergebnis dieser Arbeit nicht mehr. Konstituiert § 325 Abs. 2 ZPO kein Erfordernis prozessualer Redlichkeit, so ist die Frage nach einem hierauf gerichteten Rechtsschein überflüssig. Da die Eintragung eines Rechtshängigkeitsvermerks „weder vorgeschrieben noch ausdrücklich oder stillschweigend, etwa dadurch, dass das materielle Recht an die Eintragung eine rechtliche Wirkung knüpfe"[477], zugelassen ist, stellt sie tatsächlich auch keine eintragungsfähige Tatsache dar.

476 Siehe S. 78 ff.
477 BGH, Beschl. v. 19.12.1991 – V ZB 27/90, juris: Rn. 22.

Es wurde ebenfalls aufgezeigt, dass die nunmehr aus dem Reichsgerichtsurteil entwickelte Praxis gegenüber der hier vertretenen Ansicht keine nennenswerten Vorteile bietet und jedenfalls keine, welche die Rechtsanwendung in einer solchen Abkehr vom Willen des Gesetzgebers rechtfertigten. Wollte man den Anwendungsbereich der Norm oder ihren Tatbestand erweitern, so müsste der Gesetzgeber tätig werden. Bis dahin aber wäre eine für das Verständnis günstigere und dem Inhalt nach zutreffendere Formulierung des § 325 Abs. 2 ZPO: „*Absatz 1 findet keine Anwendung, soweit Vorschriften über den Erwerb vom Nichtberechtigten Anwendung finden.*“

Literaturverzeichnis

Achilles, Alexander: Die Preußischen Gesetze über Grundeigenthum und Hypothekenrecht vom 5. Mai 1872, 2. Auflage, Berlin 1873.
Zit.: *Achilles*, Grundeigenthum und Hypothekenrecht.

Arens, Peter: Zivilprozessrecht – Erkenntnisverfahren, Zwangsvollstreckung, München 1978.
Zit.: *Arens*, Zivilprozessrecht.

Bachofen, Johann J.: Ausgewählte Lehren des römischen Civilrechts, Bonn 1848.
Zit.: *Bachofen*, Lehren.

Bahlmann, Wilhelm: Das Preußische Grundbuchrecht, 2. Auflage, Berlin 1872.
Zit.: *Bahlmann*, Grundbuchrecht.

Barre, Ernst: Bürgerliches Gesetzbuch und Code Civil – Vergleichende Darstellung des deutschen und französischen Bürgerlichen Gesetzbuchs, 2. Auflage, Berlin 1897.
Zit.: *Barre*, BGB und Cc.

Bauerbran, Johann J.: Institutionen des französischen in den deutschen Landen des linken Rheinufers insbesondere des im Bezirke des königl. Rheinischen Appellations-Gerichtshofes zu Cöln geltenden Civilrechtes, Bonn 1873.
Zit.: *Bauerband*, Rhein.-frz. Civilrecht.

Bayer, Hieronymus von: Vorträge über den gemeinen ordentlichen Civilprozeß, 8. Auflage, München 1858.
Zit.: *Bayer*, Gemeiner Civilprozeß.

Beck'scher Online-Großkommentar BGB: Beck'scher Online-Großkommentar zum Bürgerlichen Gesetzbuch, hrsg. v. (u. a.) Dirk Looschelders, Stand 1.9.2015.
Zit.: BeckOGK-BGB.

Beck'scher Online-Kommentar ZPO: Beck'scher Online-Kommentar zur Zivilprozessordnung, hrsg. v. Volkert Vorwerk und Christian Wolf, 15. Edition, Stand 1.1.2015.
Zit.: BeckOK-ZPO.

Behaghel, Wilhelm: Das badische bürgerliche Recht und der Code Napoléon, Freiburg i. Br. 1869.
Zit.: *Behaghel*, BLR und CN.

Bekker, Ernst Immanuel: System des heutigen Pandektenrechts, Band 1, Weimar 1886.
Zit.: *Bekker*, Pandektenrecht I.

Bessel, August: Die Subhastation nach Rheinischem Rechte, Köln 1852.
Zit.: *Bessel*, Subhastation rhein. Recht.

Blomeyer, Arwed: Zivilprozessrecht – Erkenntnisverfahren, in Enzyklopädie der der Rechts- und Staatswissenschaft, begr. V. Franz von Liszt und Walter Kaskel, Berlin/Göttingen/Heidelberg 1963.
Zit.: *Blomeyer*, Zivilprozessrecht.

Brauer, Johann Nikolaus Friedrich: Erläuterungen über den Code Napoléon und die Großherzogliche Badische bürgerliche Gesetzgebung, Band 3 – Von den erwerbenden Rechtsgeschäften, Karlsruhe 1810.
Zit.: *Brauer*, Erläuterungen CN und BLR III.

Brauer, Johann Nikolaus Friedrich: Erläuterungen über den Code Napoléon und die Großherzogliche Badische bürgerliche Gesetzgebung, Band 2 – Von den gewinnenden Rechtsgeschäften, Karlsruhe 1809.
Zit.: *Brauer*, Erläuterungen CN und BLR II.

Brauer, Johann Nikolaus Friedrich: Erläuterungen über den Code Napoléon und die Großherzogliche Badische bürgerliche Gesetzgebung, Band 4 – Von den schützenden Rechtsgeschäften und dem Handelsrecht, Karlsruhe 1810.
Zit.: *Brauer*, Erläuterungen CN und BLR IV.

Brauer, Johann Nikolaus Friedrich: Erläuterungen über den Code Napoléon und die Großherzogliche Badische bürgerliche Gesetzgebung, Band 5 – Eigenthümlichkeiten des neuen Rechts, Karlsruhe 1811.
Zit.: *Brauer*, Erläuterungen CN und BLR V.

Brinkmann, Alfred: Darstellung der rechtlichen Grundsätze über die Litigiosität, Kiel 1849.
Zit.: *Brinkmann*, Litigiosität.

Bülow, Louis von: Die Civilprozeß-Ordnung und ihre Nebengesetze, Hannover 1879.
Zit.: *Bülow*, CPO.

Coing, Helmut: *Rechtsvergleichung als Grundlage von Gesetzgebung im 19. Jahrhundert*, Ius Commune 1978, Band 7, S. 160–178.
Zit.: *Coing*, Ius Commune 1978 (VII), 160.

Crome, Carl: Allgemeiner Theil der modernen französischen Privatrechtswissenschaft, Mannheim 1892.
Zit.: *Crome*, Franz. Privatrecht.

Crome, Carl: Die Grundlehren des französischen Obligationenrechts, Mannheim 1894.
Zit.: *Crome*, Franz. Obligationenrecht.

Dahlmanns, Gerhard J.: Neudrucke Zivilprozessualer Kodifikationen und Entwürfe des 19. Jahrhunderts, Materialien zur Entwicklungsgeschichte der ZPO, hrsg. v. Dahlmanns, Gerhard J., Band 2 – Bundesstaaten-Entwurf einer ZPO von 1866 und Preußischer Justizministerial-Entwurf von 1871, Aalen 1971.
Zit.: Materialien bei *Dahlmanns*.

Dernburg, Heinrich: Die Allgemeinen Lehren und das Sachenrecht des Privatrechts Preußens und des Reichs, 3. Auflage, Halle 1881.
Zit.: *Dernburg*, Lehren.

Eigenbrodt, R.: Ueber den Grundsatz „lite pendente nihil innovandum est“, Archiv für practische Rechtswissenschaft aus dem Gebiete des Civilrechts, des Civilprozesses und des Criminalrechts, Band 7, Marburg und Leipzig 1860, S. 193–228.
Zit.: *Eigenbrodt*, ApR VII (1860), 193.

Endemann, Wilhelm: Der Deutsche Civilprozess, Band 2 – Civilprozessordnung §§ 230–257, Berlin 1879.
Zit.: *Endemann*, Dt. Civilprozess II.

Endemann, Wilhelm: Der Deutsche Civilprozess, Band 2 – Civilprozessordnung §§ 230–257, Berlin 1879.
Zit.: *Endemann*, Dt. Civilprozess II.

Entscheidungen des königlichen Ober-Tribunals: Hrsg. v. Bettwach, Decker und Heinsius, Zweite Folge, Band 10, Berlin 1855.
Zit.: Entsch. Obertr. II, Bd. X.

Euler, Matthias Joseph: „Geschichtliche Einleitung in das Studium des allgemeinen Preußischen Landrechts“, Jahrbücher für die Preußische Gesetzgebung, Rechtswissenschaft und Rechtsverwaltung, Band 32, Heft 63, 1828, S. 3–70.
Zit.: *Euler*, Geschichte des ALR.

Evelt, Joseph: Die Gerichts-Verfassung und der Civil-Prozess in Preußen nach ihren Entwicklungs-Perioden bis auf die jüngste Zeit, 3. Auflage, Arnsberg 1855.
Zit.: *Evelt*, Civil-Prozess.

Förtsch, Richard: Vergleichende Darstellung des Code civil und des Bürgerlichen Gesetzbuches für das Deutsche Reich, Berlin 1897.
Zit.: *Förtsch*, Cc und BGB.

Freudenstein, Carl Gustav: Die Rechtslraft nach der Reichscivilprocessordnung und ihre Wirkungen auf die subjectiven Rechte, 2. Auflage, Hannover 1884, Nachdruck 1970.
Zit.: *Freudenstein*, Rechtskraft.

Frey, Ludwig: Lehrbuch des französischen Civilrechts, Band 3, Mannheim 1840.
Zit.: *Frey*, Franz. Civilrecht, § 549, 1 (S. 33).

Gaupp, Ludwig: Die Civilprozeßordnung für das Deutsche Reich nebst den auf den Civilprozeß bezüglichen Bestimmungen des Gerichtsverfassungsgesetzes und den Einführungsgesetzen, Band I, 2. Auflage, Freiburg 1890.
Zit.: *Gaupp*, CPO.

Gensler, Johann Kaspar: Dr. J. C. Gensler's vollständiger Commentar in fortlaufenden Dictaten zu Dr. Martin's Lehrbuch des teutschen gemeinen bürgerlichen Processes, Heidelberg 1825.
Zit.: *Gensler*, Commentar.

Gesterding, Friedrich Christian: Alte und neue Irrthümer der Rechtsgelehrten – Eine Reihe von Abhandlungen und Monographien, Greifswald 1818.
Zit.: *Gesterding*, Irrthümer.

Grolman, Karl Ludwig Wilhelm von: Theorie des gerichtlichen Verfahrens in Bürgerlichen Rechtsstreitigkeiten nach den gemeinen deutschen Gesetzen, Gießen 1800.
Zit.: *Grolman*, Gerichtl. Verfahren.

Grunsky, Wolfgang: Grundlagen des Verfahrensrechts, 2. Auflage, Bielefeld 1974.
Zit.: *Grunsky*, Verfahrensrecht.

Hahn, Carl/Mugdan, Benno: Die gesammten Materialien zu den Reichs-Justizgesetzen, hrsg. v. Carl Hahn, Band 2 – Materialien zur Civilprozeßordnung,

Abteilung 1, 2. Auflage, Berlin 1881, Neudruck, hrsg. V. Eduard Stegmann, Aalen 1983.
Zit.: Materialien bei *Hahn/Mugdan.*

Hahn, Carl: Die gesammten Materialien zu den Reichs-Justizgesetzen, hrsg. v. Carl Hahn, Band 2 – Materialien zur Civilprozeßordnung, Berlin 1880.
Zit.: Materialien bei *Hahn.*

Handwörterbuch Rechtsgeschichte: Handwörterbuch zur deutschen Rechtsgeschichte, hrsg. v. Cordes, Albrecht / Lück, Heiner / Werkmüller, Dieter / Bertelsmeier-Kierst, Christa, 2. Auflage, 11. Lieferung – Gottesurteil – Handfeste.
Zit.: HRG.

Heffter, August Wilhelm,: System des römischen und deutschen Civil-Proceßrechts, 2. Auflage, Bonn 1843, Nachdruck 1987.
Zit.: *Heffter*, System des Civil-Proceßrechts.

Hellmann, Friedrich: Lehrbuch des deutschen Civilprozeßrechts für den akademischen und praktischen Gebrauch, München 1886.
Zit.: *Hellmann*, Lehrbuch Civilprozeßrecht.

Hellweg, August: Geschichtlicher Rückblick über die Entstehung der deutschen Civilproceß-Ordnung, Archiv für die civilistische Praxis, Band 61, Tübingen und Leipzig 1878, Seite 78–140.
Zit.: *Hellweg*, AcP 61 (1878), 78.

Höinghaus, Richard: Grundbuchwesen und Zwangsvollstreckung in das unbewegliche Vermögen im Geltungsbereich des Rheinischen Rechts, 3. Auflage, Bielefeld 1893.
Zit.: *Höinghaus*, Grundbuchwesen.

Jakobs, Horst Heinrich/Schubert, Werner: Die Beratung des Bürgerlichen Gesetzbuchs in systematischer Zusammenstellung der unveröffentlichten Quellen, Einführungsgesetz zum Bürgerlichen Gesetzbuch und Nebengesetze – Zivilprozeßordnung, Konkursordnung und Gesetz über die Angelegenheiten der freiwilligen Gerichtsbarkeit, hrsg. v. Jakobs, Horst Heinrich / Schubert, Werner, Teilband 1, Berlin/New York 1990.
Zit.: Materialien bei *Jakobs/Schubert*, I.

Jakobs, Horst Heinrich/Schubert, Werner: Die Beratung des Bürgerlichen Gesetzbuchs in systematischer Zusammenstellung der unveröffentlichten Quellen, Einführungsgesetz zum Bürgerlichen Gesetzbuch und Nebengesetze – Zivilprozeßordnung, Konkursordnung und Gesetz über die

Angelegenheiten der freiwilligen Gerichtsbarkeit, hrsg. v. Jakobs, Horst Heinrich / Schubert, Werner, Teilband 2, Berlin/New York 1990.
Zit.: Materialien bei *Jakobs/Schubert*, II.

Jastrow, Hermann: Die Novelle zur Civilprozeßordnung, Deutsche Juristen-Zeitung, 1898, Seite 28–33.
Zit.: *Jastrow*, JZ 1898, 28.

Kaser, Max/Knütel, Rolf: Römisches Privatrecht, 19. Auflage, München 2008.
Zit.: *Kaser/Knütel*, Röm. PrivatR.

Kaser, Max/Hackl, Karl: Das römische Zivilprozessrecht 2. Auflage, München 1996.
Zit.: *Kaser/Hackl*, Römisches Zivilprozessrecht.

Keller, Friedrich Ludwig von: Pandekten, Leipzig 1861.
Zit.: *Keller*, Pandekten.

Kissel, Otto Rudolf: 125 Jahre Reichsjustizgesetze, Neue Juristische Wochenschrift 2004, S. 2872–2876.
Zit.: *Kissel*, NJW 2004, 2872.

Klein, Jean-Philippe: Die Unwirksamkeit von Verträgen nach französischem Recht, Tübingen 2010.
Zit.: *Klein*, Franz. Recht.

Koch, Christian Friedrich: Prozeß-Ordnung nach ihrer heutigen Geltung – Unter Weglassung der obsoleten oder aufgehobenen Vorschriften und Einschaltung der jüngeren noch geltenden Bestimmungen, mit den Präjudizien des höchsten Gerichts, so wie nachweisenden und erläuternden Anmerkungen, 6. Auflage, Berlin 1871.
Zit.: *Koch*, Prozeß-Ordnung.

Koch, Christian Friedrich: Allgemeines Landrecht für die preußischen Staaten, 1. Teil, Band 1, 4. Auflage, Berlin 1862.
Zit.: *Koch*, ALR I.

Koch, Christian Friedrich: Allgemeines Landrecht für die preußischen Staaten, 1. Teil, Band 2, 3. Auflage, Berlin 1862.
Zit.: *Koch*, ALR II.

Koch, Christian Friedrich: Lehrbuch des Preußischen gemeinen Privatrechts, Band 1, 3. Auflage, Berlin 1857.
Zit.: *Koch*, Preuß. Privatrecht I.

Kunkel, Wolfgang/Schermaier, Martin: Römische Rechtsgeschichte, 14. Auflage, Köln 2005.
Zit.: Kunkel/Schermaier, Römische Rechtsgeschichte.

Lassaulx, Franz G. von: Kodex Napoleon, Übersetzung ins Deutsche, 2. Auflage, Koblenz 1807.
Zit.: *Lassaulx*, Kodex.

Lauckhard, Ludwig: Rechtsfälle mit Entscheidungen der französischen und belgischen Gerichthöfe – Zur Erläuterung des französischen und belgischen Civilrechts mit Rücksicht auf das badische Landrecht, Band 2, Mannheim 1837.
Zit.: *Lauckhard*, Rechtsfälle.

Lauk, [...]: Welches sind die Wirkungen der gesetzlichen, testamentarischen und vertragsmäßigen Veräußerungsverbote nach dem römischen Rechte?, Zeitschrift für Civilrecht und Prozeß, Band 5, Gießen 1832, S. 1–21.
Zit.: *Lauk*, Zeitschr. f. CivilR und Prozeß.

Lent, Friedrich/Jauernig, Othmar/Hess, Burkhard: Zivilprozessrecht, 30. Auflage, München 2011.
Zit.: *Lent/Jauernig/Hess*, ZPO.

Lickleder, Florian: Die Eintragung eines Rechtshängigkeitsvermerks im Grundbuch, Zeitschrift für Zivilprozess, Band 114, 2001, Seite 195–209.
Zit.: *Lickleder*, ZZP 2001, 195.

Linde, Justin Timotheus Balthasar von: Lehrbuch des deutschen gemeinen Civilprozesses, 2. Auflage, Bonn 1828.
Zit.: *Linde*, Civilprozess.

Lüke, Wolfgang: Zivilprozessrecht – Erkenntnisverfahren, Zwangsvollstreckung; begr. V. Peter Arens, bearb. V. Wolfgang Lüke, 9. Auflage, München 2006.
Zit.: *Lüke*, ZPO.

Manthe, Ulrich: Gaius Institutiones – Die Institutionen des Gaius, Darmstadt 2004.
Zit.: *Manthe*, Gaius.

Materialien zur CPO-Novelle 1898: Materialien zu den Reichs-Justizgesetznovellen 1897–1898, Band 1 – Die Materialien zur Civilprozeßordnung, Berlin 1898.
Zit.: Mat. CPO-Novelle 1898.

Mayer, Anton: Leitfaden für das Studium des badischen Landrechts mit Einschluß des Handelsrechts, Freiburg 1849.
Zit.: *Mayer*, Badisches Landrecht.

Mittermaier, Carl Joseph Anton: Der gemeine deutsche bürgerliche Prozeß in Vergleichung mit dem preußischen und französischen Civilverfahren und mit den neuesten Fortschritten der Prozeßgesetzgebung, Band 1, 3. Auflage, Bonn 1838.
Zit.: *Mittermaier*, Gemeiner Prozeß.

Mügel, Oscar: Das Rheinische Grundbuchrecht – Gesetz vom 12. April 1888 über das Grundbuchwesen und die Zwangsvollstreckung in das unbewegliche Vermögen im geltungsbereich des Rheinischen Rechts, hrsg. v. Oscar Mügel, 2. Auflage, Berlin 1892.
Zit.: *Mügel*, Rhein. Grundbuchrecht.

Mühlenbruch, Christian Friedrich: Die Lehre von der Cession der Forderungsrechte – Nach den Grundsätzen des Römischen Rechts dargestellt, 3. Auflage, Greifswald 1836.
Zit.: *Mühlenbruch*, Cession.

Müller-Froelich, Thomas: Der Gerichtsstand der Niederlassung im deutsch-amerikanischen Rechtsverkehr – Eine Untersuchung zu Fragen der Entscheidungs- und Anerkennungszuständigkeit, Frankfurt am Main (u. a.) 2008.
Zit.: *Müller-Froelich*, Gerichtsstand.

Münchener Kommentar HGB: Kommentar zum Handelsgesetzbuch, Band 1 – Erstes Buch, Handelsstand, § 1 –104a, bearb. v. (u. a.) Karsten Schmidt, Gerrick v. Hoyningen-Huene, Peter Krebs, 3. Auflage, München 2010.
Zit.: MüKo-HGB/[*Bearbeiter*].

Münchener Kommentar BGB: Kommentar zum Bürgerlichen Gesetzbuch, Band 6 – Sachenrecht – §§ 854–1296, WEG, ErbbauRG, bearb. v. (u. a.) Christian Baldus, Jürgen Damrau, Dieters Eickmann, 6. Auflage, München 2013.
Zit.: MüKo-BGB/[*Bearbeiter*].

Münchener Kommentar ZPO: Münchener Kommentar zur Zivilprozessordnung mit Gerichtsverfassungsgesetz und Nebengesetzen, Band 1 – §§ 1–354, hrsg. v. Wolfang Krüger und Thomas Rauscher, 4. Auflage, München 2013.
Zit.: MüKo-ZPO/[*Bearbeiter*].

Musielak ZPO-Kommentar: Kommentar zur Zivilprozessordnung mit Gerichtsverfassungsgesetz, hrsg. v. Hans-Joachim Musielak, 11. Auflage, München 2014.
Zit.: Musielak-ZPO/[*Bearbeiter*].

Olshausen, Eberhard von: Der Schutz des guten Glaubens an die Nicht-Rechtshängigkeit, Juristenzeitung 1988, Seite 584–594.
Zit.: *Olshausen*, JZ 1988, 584.

Otto, Karl E./Schilling, Bruno/Sintenis, Carl Friedrich Ferdinand: Das Corpus Juris Civilis in's Deutsche übersetzt, Band 1 – Institutionen und Digesten I–XI, Übersetzung des Corpus Iuris Civilis aus dem Lateinischen ins Deutsche, hrsg. v. Karl E. Otto, Bruno Schilling und Carl Friedrich Ferdinand Sintenis, Leipzig 1830.
Zit.: *Otto/Schilling/Sintenis*, CIC, I.

Otto, Karl E. /Schilling, Bruno/Sintenis, Carl Friedrich Ferdinand: Das Corpus Juris Civilis in's Deutsche übersetzt, Band 4 – Digesten XXXIX–L, Übersetzung des Corpus Iuris Civilis aus dem Lateinischen ins Deutsche, hrsg. v. Karl E. Otto, Bruno Schilling und Carl Friedrich Ferdinand Sintenis, Leipzig 1832.
Zit.: *Otto/Schilling/Sintenis*, CIC, IV.

Otto, Karl E./Schilling, Bruno/Sintenis, Carl Friedrich Ferdinand: Das Corpus Juris Civilis in's Deutsche übersetzt, Band 5 – Codex I–VI, Übersetzung des Corpus Iuris Civilis aus dem Lateinischen ins Deutsche, hrsg. v. Karl E. Otto, Bruno Schilling und Carl Friedrich Ferdinand Sintenis, Leipzig 1832.
Zit.: *Otto/Schilling/Sintenis*, CIC, V.

Otto, Karl E./Schilling, Bruno/Sintenis, Carl Friedrich Ferdinand: Das Corpus Juris Civilis in's Deutsche übersetzt, Band 6 – Codex VII–XII, Übersetzung des Corpus Iuris Civilis aus dem Lateinischen ins Deutsche, hrsg. v. Karl E. Otto, Bruno Schilling und Carl Friedrich Ferdinand Sintenis, Leipzig 1832.
Zit.: *Otto/Schilling/Sintenis*, CIC, VI.

Otto, Karl E./Schilling, Bruno/Sintenis, Carl Friedrich Ferdinand: Das Corpus Juris Civilis in's Deutsche übersetzt, Band 7 – Novellen, Edicte, Constitutionen, Bücher des Lehnrechts, Übersetzung des Corpus Iuris Civilis aus dem Lateinischen ins Deutsche, hrsg. v. Karl E. Otto, Bruno Schilling und Carl Friedrich Ferdinand Sintenis, Leipzig 1833.
Zit.: *Otto/Schilling/Sintenis*, CIC, VII.

Otto, Sebastian: Die subjektiven Grenzen der Rechtshängigkeitssperre im deutschen und europäischen Zivilprozessrecht, Berlin 2007.
Zit.: *Otto*, Subjektive Grenzen.

Piekenbrock, Andreas/Kienle, Florian: ZPO – Examinatorium, 1. Auflage, München 2013.
Zit.: *Piekenbrock/Kienle*, ZPO-Examinatorium.

Platenius, A.: Grundriß des badischen Landrechts (mit Ausschluß des Obligationenrechts, LRS 1101 ff), Freiburg i.B. und Leipzig 1896.
Zit.: *Platenius*, Badisches Landrechts.

Protokolle der Kommission zum Norddeutschen Entwurf: Protokolle der Kommission zur Ausarbeitung des Entwurfs einer Civilprozeßordnung für die Saaten des Norddeutschen Bundes, Band 2 – LXXXVI–CLXXXIII, Berlin 1869.
Zit.: Nordd. Prot. II.

Prütting/Gehrlein ZPO-Kommentar: Kommentar zur Zivilprozessordnung, hrsg. v. Hans Prütting und Markus Gehrlein, 6. Auflage, Köln 2014.
Zit.: Prütting/Gehrlein/[*Bearbeiter*], ZPO.

Puchelt, Ernst Sigismund: Das rheinisch-französische Privilegien- und Hypothekenrecht, Band 2 – Das rheinische Hypothekenrecht in seinen Abweichungen vom französischen Rechte, Leipzig 1876.
Zit.: *Puchelt*, Hypothekenrecht.

Puchelt, Ernst Sigismund: Das Rheinisch-französische Privilegien- und Hypothekenrecht, Zweite Abtheilung – Das Rheinische Hypothekenrecht in seinen Abweichungen vom französischen Rechte, hrsg. v. Ernst Sigismund Puchelt, Leipzig 1876.
Zit.: *Puchelt*, Rhein.-frz. HypothekenR.

Rinteln, Viktor: Der Civilprozeß – Systematisch bearbeitet für die ordentlichen Gerichte des Preußischen Staates und für das Reichsgericht auf Grund der Reichsgesetzgebung und der Preußischen Landesgesetzgebung, sowie der Vorschriften der Preußischen Landesjustizverwaltung, Berlin 1891.
Zit.: *Rinteln*, Civilprozeß.

Rodríguez-Rosado, Bruno: Abstraktionsprinzip und redlicher Erwerb als Mittel zum Schutze des Rechtsverkehrs, Frankfurt am Main 2009.
Zit.: *Rodríguez-Rosado*, Redlicher Erwerb.

S/B/K/T Kommentar: Zivilprozeßordnung und Gerichtsverfassungsgesetz nebst Anhang, enthaltend Entlastungsgesetze und Kriegsrecht, Kommentar, begründet von Reinhold Sydow, fortgeführt von Louis Busch, Walter Krantz, Franz Triebel, 22. Auflage, Berlin 1941.
Zit.: *S/B/K/T*, ZPO.

Saenger ZPO-Kommentar: Handkommentar zur Zivilprozessordnung, Familienverfahren, Gerichtsverfassung, Europäisches Verfahrensrecht, hrsg. v. Ingo Saenger, 6. Auflage, Baden-Baden 2015.
Zit.: Saenger-ZPO.

Savigny, Friedrich Carl von: System des heutigen Römischen Rechts, Band 6, Berlin 1847.
Zit.: *Savigny*, System VI.

Schellhammer, Kurt: Zivilprozess, 14. Auflage, Heidelberg/München/Hamburg (und weitere) 2012.
Zit.: *Schellhammer*, Zivilprozess.

Schilling, Bruno/Sintenis, Carl Friedrich Ferdinand: Das Corpus Juris Canonici in seinen wichtigsten und anwendbarsten Theilen, in's Deutsche übersetzt und systematisch zusammengestellt, Band 2, Leipzig 1837.
Zit.: *Schilling/Sintenis*, CICan, II.

Schmitt, Gottfried: Der bayerische Civilproceß systematisch dargestellt, Band 1, Bamberg 1870.
Zit.: *Schmitt*, Bayerische CPO I.

Scholz-Mantel, Heidemarie: Zum Begriff des Rechtsnachfolgers im Sinne des § 325 ZPO, Würzburg 1969.
Zit.: *Scholz-Mantel*, Rechtsnachfolger.

Schroeder, Franz: Zur Lehre von den gesetzlichen Veräußerungsverboten: Eine civilistische Abhandlung, Heidelberg 1875.
Zit.: *Schroeder*, Lehre von den gesetzlichen Veräußerungsverboten.

Schubert, Werner: Die deutsche Gerichtsverfassung (1869–1877) – Entstehung und Quellen, Frankfurt am Main 1981.
Zit.: *Schubert*, Gerichtsverfassung.

Schweickert, Klaus-Dieter: Die subjektiven Grenzen der materiellen Rechtskraft französischer Zivilurteile unter vergleichender Heranziehung des deutschen Rechts, München 1967.
Zit.: *Schweickert*, Französische Zivilurteile.

Schweppe, Albrecht: Römische Rechtsgeschichte und Rechtsalterthümer mit erster vollständiger Rücksicht auf Gajus und die Vatikanischen Fragmente, 2. Auflage, Göttingen 1826.
Zit.: *Schweppe*, Röm. Rechtsgeschichte.

Schweppe, Albrecht: Römisches Privatrecht in seiner heutigen Anwendung, Band 2 – Dingliches Recht, 4. Auflage, Göttingen 1828.
Zit.: *Schweppe*, Röm. Privatrecht.

Seidl, Erwin: Römische Rechtsgeschichte und römisches Zivilprozessrecht, 3. Auflage, Köln, Berlin, Bonn, München 1971.
Zit.: *Seidl*, Geschichte und Prozessrecht.

Seuffert, Johann Adam: Lehrbuch des praktischen Pandektenrechts, Band 1, Würzburg 1825.
Zit.: *Seuffert*, Pandektenrecht I.

Seuffert, Johann Adam: J.A. Seuffert's Archiv für Entscheidungen der obersten Gerichte in den deutschen Staaten, Band 12, München/Berlin 1859.
Zit.: *Seuffert*, Archiv XII.

Söllner, Alfred: Einführung in die römische Rechtsgeschichte, 2. Auflage, München 1980.
Zit.: *Söllner*, Römische Rechtsgeschichte.

Stabel, Anton von: Institutionen des französischen Civilrechts, Mannheim 1871.
Zit.: *Stabel*, Franz. Civilrecht.

Stein/Jonas ZPO-Kommentar: Kommentar zur Zivilprozessordnung, hrsg. v. Friedrich Stein und Martin Jonas, Band 4 – §§ 253–327, 22. Auflage, Tübingen 2008.
Zit.: Stein/Jonas/[*Bearbeiter*], ZPO.

Strippelmann, Friedrich Georg Lebrecht: Neue Sammlung bemerkenswerther Entscheidungen des Ober-Appellations-Gerichts zu Cassel, 5. Teil, Kassel 1848.
Zit.: *Strippelmann*, Entscheidungen des OAG, V.

Struckmann, Johannes/Koch, Richard: Die Civilprozeßordnung für das Deutsche Reich nebst den auf den Civilprozeß bezüglichen Bestimmungen des Gerichtsverfassungsgesetzes und den Einführungsgesetzen, 2. Auflage, Berlin 1879.
Zit.: *Struckmann/Koch*, CPO dt. Reich.

Thibaut, Anton Friedrich Justus: System des Pandekten-Rechts, Band 3, 5. Auflage, Jena 1818.
Zit.: *Thibaut*, Pandektenrecht III.

Thibaut, Anton Friedrich Justus: System des Pandekten-Rechts, Band 2, 2. Auflage, Jena 1805.
Zit.: *Thibaut*, Pandektenrecht II.

Uebel, Georg Friedrich Christian: Commentar der Civil-Prozeßordnung für das deutsche Reich und des Einführungsgesetzes hierzu vom 30. Januar 1877, Band 1, Bamberg 1878.
Zit.: *Uebel*, Commentar CPO I.

Unger, Joseph: System des österreichischen allgemeinen Privatrechts, Band 2, Leipzig 1859.
Zit.: *Unger*, System II.

Vangerow, Karl Adolph von: Lehrbuch der Pandekten, Band 1, 7. Auflage, Marburg und Leipzig 1863.
Zit.: *Vangerow*, Pandekten.

Vierhaus, [...]: Die Novelle zur Civilprozessordnung, Zeitschrift für deutschen Zivilprozeß, Band 24, 1898, Seite 297–304.
Zit.: *Vierhaus*, ZZP 1898, 297.

Wächter, Karl Georg von: Handbuch des im Königreich Württemberg geltenden Privatrechts, Band 2 – Allgemeine Lehren, Stuttgart 1842, Nachdruck Frankfurt am Main 1985.
Zit.: *Wächter*, HdB PrivatR Württemberg.

Wening-Ingenheim, Johann Nepomuk von: Lehrbuch des gemeinen Civilrechtes, Band 1, 4. Auflage, München 1831.
Zit.: *Wening-Ingenheim*, Gemeines Civilrecht.

Werner, F.: Die Preußischen Grundbuch- und Hypotheken-Gesetze vom 5. Mai 1872 nebst Materialien.
Zit.: Motive bei *Werner.*

Wetzell, Georg Wilhelm: System des ordentlichen Civilprocesses, 3. Auflage, Leipzig 1878.
Zit.: *Wetzell*, Civilprocess.

Wieczorek/Schütze ZPO-Kommentar: Kommentar zur Zivilprozessordnung, begr. v. Bernhard Wieczorek, hrsg. v. Rolf Schütze, Band 1 – Einleitung; §§ 1–127a, 3. Auflage, Berlin/New York 1994.
Zit.: Wieczorek/Schütze/[*Bearbeiter*].

Wieczorek/Schütze ZPO-Kommentar: Kommentar zur Zivilprozessordnung, begr. v. Bernhard Wieczorek, hrsg. v. Rolf Schütze, Band 2 – §§ 128–541, Teilband 3, Teil 1, 3. Auflage, Berlin 2007.
Zit.: Wieczorek/Schütze/[*Bearbeiter*].

Wiedemann, Herbert: Richterliche Rechtsfortbildung, Neue Juristische Wochenschrift 2014, Seite 2407–2413.
Zit.: *Wiedemann*, NJW 2014, 2407.

Windscheid, Bernhard/Kipp, Theodor: Lehrbuch des Pandektenrechts, Band 1, 9. Auflage, Frankfurt am Main 1906.
Zit.: Windscheid/Kipp, Pandektenrecht I.

Winter, W.: Erläuterungen zu dem Entwurfe einer allgemeinen Civilproceßordnung für die deutschen Bundesstaaten aus den Protocollen der Bundescommission zu Hannover, unter Vergleichung der betreffenden Vorschläge des Entwurfes einer Proceßordnung in bürgerlichen Rechtsstreitigkeiten für den Preußischen Staat, Wiesbaden 1867.
Zit.: *Winter*, Hannoverscher und Preußischer Entwurf.

Zachariä von Lingenthal, Karl Salomo: Handbuch des Französischen Civilrechts, Band 1, 7. Auflage, Heidelberg 1886.
Zit.: *Zachariä von Lingenthal*, Hdb. franz. CivilR I.

Zachariä von Lingenthal, Karl Salomo: Handbuch des Französischen Civilrechts, Band 2, 7. Auflage, Heidelberg 1886.
Zit.: *Zachariä von Lingenthal*, Hdb. franz. CivilR II.

Zachariä von Lingenthal, Karl Salomo: Handbuch des Französischen Civilrechts, Band 4, 7. Auflage, Heidelberg 1886.
Zit.: *Zachariä von Lingenthal*, Hdb. franz. CivilR IV.

Zaun, [...]: Über Veräußerung der streitigen Sache durch den Verklagten vor dem Urtheil, nach dem Urtheil, und vor Mittheilung der Klage, Archiv für practische Rechtswissenschaft aus dem Gebiete des Civilrechts, des Civilprozesses und des Criminalrechts, Band 8, Marburg und Leipzig 1860, S. 279–302.
Zit.: *Zaun*, ApR VIII (1860), 279.

Zeising, Jörg: Der grundbuchliche Rechtshängigkeitsvermerk – ungeregelt und entbehrlich?, Zeitschrift für das Juristische Studium 2010, Seite 1–9.
Zit.: *Zeising*, ZJS 2010, 1.

Zeiss, Walter: Zivilprozessrecht, 3. Auflage, Tübingen 1978.
Zit.: *Zeiss*, Zivilprozessrecht.

Zimmermann, [...]: Über das Verbot der Veräußerung streitiger Sachen und Forderungen und dessen Umgestaltung im heutigen Recht, Archiv für die civilistische Praxis, Band 35, Heidelberg 1852, S. 431–450.
Zit.: *Zimmermann*, AcP 35 (1852), 431.

Zimmermann, [...]: Über das Verbot der Veräußerung streitiger Sachen und Forderungen und dessen Umgestaltung im heutigen Recht, Archiv für die civilistische Praxis, Band 36, Heidelberg 1853, S. 49–66.
Zit.: *Zimmermann*, AcP 36 (1853), 49.

Zimmermann, [...]: Über den Begriff der res litigiosa und die Bedeutung der richterlichen Confirmation bei Verträgen über Immobilien, Archiv für practische Rechtswissenschaft aus dem Gebiete des Civilrechts, des Civilprozesses und des Criminalrechts mit namentlicher Rücksicht auf Gerichtsaussprüche und Gesetzgebung, Band 1, Heft 2, Regensburg 1853.
Zit.: *Zimmermann*, ApR I (1853), 3.

Zimmermann, Walter: Zivilprozessordnung, 9. Auflage, 2011.
Zit.: *Zimmermann*, ZPO.

Zöller ZPO-Kommentar: Kommentar zur Zivilprozessordnung, begr. v. Richard Zöller, 30. Auflage, Köln 2014.
Zit.: Zöller-ZPO/[*Bearbeiter*].

Abkürzungsverzeichnis

a.A.	anderer Ansicht
Abs.	Absatz
AcP	Archiv für die civilistische Praxis
ALR	Allgemeines Landrecht für die Preußischen Staaten (1794)
ApR	Archiv für practische Rechtswissenschaft aus dem Gebiete des Civilrechts, des Civilprozesses und des Criminalrechts
Beschl. v.	Beschluss vom
BGB	Bürgerliches Gesetzbuch (aktuell geltende Fassung)
BGH	Bundesgerichtshof
bzw.	beziehungsweise
C.	Constitutionen
Cc	Code civil (1804)
CPO	Civilprozessordnung (30. Januar 1877)
CPO-1898	Civilprozeßordnung (Fassung nach der Gesetzesänderung vom 17. Mai 1898)
CPO-HE	Hannoversche Allgemeine bürgerliche Proceßordnung (8. November 1850)
CPO-ME	Ministerialentwurf einer CPO (1871)
CPO-NDE	Entwurf einer Civilproceßordnung für den Norddeutschen Bund (1870)
CPO-Novelle 1898	Gesetz, betreffend Aenderungen der Civilprozeßordnung (17. Mai 1898)
CPO-PE	Entwurf einer Proceß-Ordnung in bürgerlichen Rechtsstreitigkeiten für den Preußischen Staat (1864)
D.	Digesten
f.	folgend
ff.	folgende
GEG	Gesetz über den Eigenthumserwerb und die dingliche Belastung der Grundstücke, Bergwerke und selbstständigen Gerechtigkeiten (5. Mai 1872)

lit.	litera
LRS	Landrechtssatz
Mat.	Materialien
Nordd. Prot.	Norddeutsche Protokolle
Nr.	Nummer
OAG	Oberappellationsgericht
Preuß-GBO	Preußische Grundbuchordnung (5. Mai 1872)
Preuß-GO	Preußische Gerichtsordnung (1793)
Preuß-HypO	Preußische Hypotheken-Ordung für die gesammten königlichen Staaten (20. Dezember 1783)
RG	Reichsgericht
S.	Seite
StGB	Strafgesetzbuch (aktuell geltende Fassung)
Tit.	Titel
Urt. v.	Urteil vom
vgl.	vergleiche
Vorb.	Vorbemerkung
ZPO	Zivilprozessordnung (aktuell geltende Fassung)
ZVG	Gesetz über die Zwangsversteigerung und die Zwangsverwaltung (aktuell geltende Fassung)

Schriften zum Verfahrensrecht

Herausgegeben von Jens Adolphsen, Christoph Althammer, Peter Gottwald und Ulrich Haas

Band 1 Matthias Rauscher: Die neue Berufung in Zivilsachen. 2002.

Band 2 Jörn-Christian Schulze: Grenzen der objektiven Schiedsfähigkeit im Rahmen des § 1030 ZPO. Eine Betrachtung des Rechts der Schiedsfähigkeit nach der Schiedsverfahrensrechtsform. 2003.

Band 3 Roman Rodloff: Das vereinfachte Verfahren zur Festsetzung von Kindesunterhalt nach §§ 654 ff. ZPO. Zugleich ein Beitrag zur Unterhaltsannexklage nach § 653 ZPO und zum vereinfachten Abänderungsverfahren nach § 656 ZPO. 2003.

Band 4 Helia-Verena Daubach: Kammer oder Einzelrichter? Ist die Kammer ein Qualitätselement des Zivilprozesses? 2003.

Band 5 Thomas Gemmeke: Beweisverwertungsverbote im arbeitsgerichtlichen Verfahren. 2003.

Band 6 Wolfgang Kreißig: Der Sportverein in Krise und Insolvenz. 2004.

Band 7 Alexander M. Krämer: Leasingverträge in der Insolvenz. 2005.

Band 8 Timo Christian Walther: Das Verfahren bei Masseunzulänglichkeit nach den §§ 208 ff. InsO. 2005.

Band 9 Henning Müller: Die Lebensversicherung in der Zwangsvollstreckung. 2005.

Band 10 Oliver Hilsbos: Die Mitwirkungspflicht von Personenstandsbehörden in Nachlassverfahren. 2006.

Band 11 Matthias Holla: Der Einsatz von Schiedsgerichten im organisierten Sport. 2006.

Band 12 Matthias Hofmann: Die Eigenverwaltung in der Insolvenz. Darstellung eines Rechtsinstituts unter besonderer Berücksichtigung der Gesellschaftsinsolvenz. 2006.

Band 13 Christian Schindler: Rechtskraft und Innenbindung von Beschlüssen nach der ZPO-Reform. 2006.

Band 14 Carola Reimann-Dittrich: Die Finanzierungsfolgenverantwortung des Gesellschafters. 2006.

Band 15 Viktoria Kress: Internationale Zuständigkeit für elterliche Verantwortung in der Europäischen Union. Das neue europäische Familienverfahrensrecht in Fragen der elterlichen Verantwortung im Kontext der Haager Abkommen. 2006.

Band 16 Frank Martin Herget: Die internationale Zuständigkeit im Electronic Commerce in der Europäischen Union. 2006.

Band 17 Cornelia Drenckhahn: Urkundsvorlagepflichten im Zivilprozess und im arbeitsgerichtlichen Verfahren nach der ZPO-Reform unter besonderer Berücksichtigung der Neufassung des § 142 ZPO. 2007.

Band 18 Walter Boeckh: Beschwerde und Rechtsbeschwerde im Zivilverfahren. 2007.

Band 19 Gökçe Nazar Uzar: Rechtsmittel gegen Schiedssprüche nach dem neuen deutschen und türkischen Schiedsverfahrensrecht. 2007.

Band 20 Christa Kraemer: Eigenkapitalersatz und Insolvenz. Klassische und moderne Fallgruppen. 2007.

Band 21 Martin Beckmann: Statutarische Schiedsklauseln im deutschen Recht und internationalen Kontext. 2008.

Band 22 Ulf Pechartscheck: Entgeltansprüche aus Altersteilzeitarbeit in der Arbeitgeberinsolvenz. Analyse gegenwärtiger Sicherungsmodelle in Deutschland. 2008.

Band 23 Thomas Baumann: Patentstreitigkeiten vor Schiedsgerichten. Eine rechtsvergleichende Betrachtung ausgewählter Probleme nach deutschem und schweizerischem Recht. 2008.

Band 24 Désirée Cimmino: Das UNCITRAL-Modellgesetz über internationale ADR-Verfahren in Wirtschaftsstreitigkeiten. 2008.

Band 25 Ralf Burkhard: Der Einfluss der Schuldrechtsreform auf von § 103 InsO erfasste Kaufverträge. 2010.

Band 26 Stefan Roßkopf: Die Aufrechnung im deutschen und englischen Insolvenzrecht. Eine rechtsvergleichende Untersuchung. 2008.

Band 27 Thomas Rothammer: Die insolvenzrechtliche Restschuldbefreiung – Probleme und Lösungen. 2008.

Band 28 Franziska Schmalenberg: Anerkennung von Patenten in Europa. 2009.

Band 29 Michael Schaumann: Reform des Eigenkapitalersatzrechts im System der Gesellschafterhaftung. Unter Berücksichtigung der Änderungen durch das MoMiG. 2009.

Band 30 Hengliang Shen: Das Absonderungsrecht in der Insolvenz. Erfahrungen aus Deutschland und die Praxis in China. 2009.

Band 31 Alexander Panier: Der Grundsatz der Schadenseinheit. 2009.

Band 32 Ming-Sheng Liu: Die richterliche Hinweispflicht. Dogmatik und Rechtskultur. 2009.

Band 33 Lothar Czaja: Umsetzung der Kooperationsvorgaben durch die Europäische Insolvenzverordnung im deutschen Insolvenzverfahren. 2009.

Band 34 Stefanie Reiche: Die prozessualen Folgen eines Betriebsübergangs nach § 613a BGB. 2009.

Band 35 Christoph Stieber: Der gesicherte Geld- und Warenkredit in der Insolvenz. Das Insolvenzverwalterwahlrecht nach § 103 InsO und dessen Wirkungen auf die Sicherungsübereignung und den Eigentumsvorbehalt. 2009.

Band 36 Miguel Teixeira de Sousa: Die Zulässigkeitsprüfung im Zivilprozess. 2010.

Band 37 Michael Schulze: Das Besteuerungsverfahren der Personengesellschaft bei Insolvenz. 2010.

Band 38 Ulrich Hönle: Die deliktische Grundanknüpfung im IPR und IZVR. Auswirkungen der Kollisionsrechtsvereinheitlichung auf europäischer Ebene. 2011.

Band 39 Hilke Schapp: Die Präklusion von Gestaltungsrechten nach § 767 Abs. 2 ZPO. Eine kritische Untersuchung der Rechtsprechung unter besonderer Berücksichtigung der Rechtskraft und der materiellen Rechtslage. 2011.

Band 40 Moritz Büchele: Eingriff in Gesellschafterrechte im Insolvenzplan. 2011.

Band 41 Markus Wimmer: Unternehmenssanierung mittels Transfergesellschaften. 2011.

Band 42 Christoffer Bortz: Urheberrechtliche Lizenzen in nationaler und internationaler Insolvenz. 2012.

Band 43 Martin Wigand: Verzicht, Vergleich und sonstige Haftungsbeschränkungen im Gesellschaftsrecht. 2012.

Band 44 Michael Schick: Die Zwischenfeststellungsklage des § 256 Abs. 2 ZPO. 2013.

Band 45 Olaf Benning: Internationale Prinzipien für grenzüberschreitende Insolvenzverfahren. 2013.

Band 46 Gero von Jhering: Die Wirkung von Schiedsvereinbarungen, Schiedsklauseln und Schiedssprüchen im Gesellschaftsrecht. Eine Zusammenführung von Schiedsverfahrens- und Gesellschaftsrecht. 2013.

Band 47 Anne Hoßfeld: Die Abtretung schieds- und gerichtsstandsgebundener Forderungen. 2013.

Band 48 Fabian Camek: Das Schutzschirmverfahren nach § 270b InsO und seine Funktionalität im internationalen Rechtsvergleich. 2014.

Band 49 Silvio Kupsch: Grenzüberschreitende Insolvenzverfahren in Südafrika. 2014.

Band 50 Martina Daus: Die insolvenzrechtliche Einordnung der betrieblichen Altersversorgung in der Insolvenz des Arbeitgebers. 2014.

Band 51 Fabian J. Hohl: Die richterliche Unabhängigkeit bei der Auswahl des (vorläufigen) Insolvenzverwalters nach dem ESUG. Vereinbarkeit mit Art. 97 GG und Auswirkung auf die Justiziabilität der Auswahlentscheidung. 2015.

Band 52 Carmen Schauberger: Die Partizipation Minderjähriger im Verfahren der freiwilligen Gerichtsbarkeit. Eine Analyse der Beteiligung und der Verfahrensfähigkeit in Familien- und Erbrechtsverfahren. 2015.

Band 53 Tobias Waldmann: Annexverfahren im Europäischen Insolvenzrecht. 2015.

Band 54 Maximilian Riedel: Insolvenz in nationalen und internationalen Schiedsverfahren. 2016.

Band 55 Konrad-Tassilo Heßel: Das vorinsolvenzliche Sanierungsverfahren. Bedarf und Ausgestaltungsmöglichkeiten eines vorinsolvenzlichen Sanierungsmechanismus. 2016.

Band 56 Dominik Pauw: Sanierung geschlossener Publikumsfonds. 2016.

Band 57 Sebastian Fuchs: Die Auflösung und Abwicklung gesetzlicher Krankenkassen im Spannungsfeld zwischen dem SGB V und der Insolvenzordnung. 2016.

Band 58 Sebastian Dirmeier: Der Konzern in der Insolvenz. Aktuelle Rechtslage und Reformüberlegungen auf nationaler und europäischer Ebene. 2016.

Band 59 Mark A. Lye: Der gutgläubige Erwerb der streitbefangenen Sache. Inhalt und Auslegung des § 325 Abs. 2 ZPO. 2017.

www.peterlang.com

www.ingramcontent.com/pod-product-compliance
Ingram Content Group UK Ltd.
Pitfield, Milton Keynes, MK11 3LW, UK
UKHW021855290926
8980IPUK00005B/858

9 783631 7147